船舶与海洋装备技术系列丛书

U0645520

船用配套设备智能集成与远程运维标准(团体)案例集

主　编　汤　敏

副主编　王献忠　李　飒

哈尔滨工程大学出版社
Harbin Engineering University Press

内 容 简 介

本书收集了十三项已发布的船用配套设备智能集成与远程运维标准,主要包括:船用设备智能集成与远程运维通则、标识编码要求、智能集成可靠性设计要求、智能集成原则与要求、信息集成平台通用技术要求、远程运维系统接入要求、远程运维系统技术规范,船用设备智能集成与远程运维系统状态监测、健康管理、视情维护和虚拟运维以及船用设备远程运维数据管理要求和智能集成与远程运维知识库建设规范。

本书内容系统性、实用性强,可供从事船舶设备数字化、智能化的科研人员与工程师参考,也可供船舶与海洋工程、能源动力相关专业的高年级本科生、研究生阅读。

图书在版编目(CIP)数据

船用配套设备智能集成与远程运维标准(团体)案例集 / 汤敏主编. -- 哈尔滨 : 哈尔滨工程大学出版社,2024.5
ISBN 978-7-5661-4353-2

Ⅰ. ①船… Ⅱ. ①汤… Ⅲ. ①船用电气设备-系统集成技术-案例 Ⅳ. ①U665

中国国家版本馆 CIP 数据核字(2024)第 088035 号

船用配套设备智能集成与远程运维标准(团体)案例集
CHUANYONG PEITAO SHEBEI ZHINENG JICHENG YU YUANCHENG YUNWEI BIAOZHUN (TUANTI) ANLI JI

选题策划　石　岭
责任编辑　张　昕
封面设计　李海波

出版发行	哈尔滨工程大学出版社
社　　址	哈尔滨市南岗区南通大街 145 号
邮政编码	150001
发行电话	0451-82519328
传　　真	0451-82519699
经　　销	新华书店
印　　刷	哈尔滨市海德利商务印刷有限公司
开　　本	787 mm×1 092 mm　1/16
印　　张	12.25
字　　数	230 千字
版　　次	2024 年 5 月第 1 版
印　　次	2024 年 5 月第 1 次印刷
书　　号	ISBN 978-7-5661-4353-2
定　　价	68.00 元

http://www.hrbeupress.com
E-mail:heupress@hrbeu.edu.cn

编 委 会

指导委员会

主 任 委 员：吴有生

副主任委员：严新平　陈映秋

委　　　员：王俊利　陈　刚　俞伯正　吴中岱

　　　　　　邱伯华　马　兰

出版工作委员会

主　　　编：汤　敏

副 主 编：王献忠　李　沨

编写组成员：覃　刚　王　强　曾　力　张双喜

　　　　　　徐卫东　韩　冰　张欢任　董胜利

　　　　　　张兴龙　文逸彦　陈宇航　柳师捷

　　　　　　耿佳东　凌志远　赵玫佳　张学辉

　　　　　　刘　芳　顾洪彬　曹征宇　赵韩丞

　　　　　　李嘉宁　郭　勇　魏幕恒　张　羽

　　　　　　张　瑞(震兑工业智能科技有限公司)

　　　　　　张　瑞(郑州大学)

　　　　　　李　果　张文恒　李和林　周帅康

　　　　　　王亚辉　田亚辉　宋晓辉　白秀琴

　　　　　　刘　杰　董从林　高　嵩　杨　琨

　　　　　　卢明剑　范爱龙　姜权洲　詹必鑫

　　　　　　储兰芳　董　帅

序

　　船舶智能化是新一代高新技术船舶发展必然趋势，加快船舶智能技术应用，是践行习近平总书记提出的"要把握数字化、网络化、智能化融合发展的契机"，促进我国船舶行业转型升级和高质量发展的有力抓手。

　　要建设造船强国，就必须变"注重造躯体"为"注重造内脏与神经系统"，把数字化、网络化、智能化技术结合起来，重点推动船舶设备与系统的数字化转型、智能化升级，实现船舶动力和配套设备及设备制造和运行各环节的数字化控制、故障的智能诊断以及能效的智能监测管理。

　　"智能船舶，标准先行"，先进的标准是智能船舶技术发展的重要基础和前提，是提升市场竞争力和产业高质量发展的关键。我国智能船舶设备领域的标准建设相对滞后。本书面向智能船舶总体需求，聚焦船用配套设备与系统，以实现安全、可靠、高效的智能集成与远程运维为切入点，明确了总体原则和标准体系构架，形成了设备标识编码、智能集成可靠性设计、数据库管理等系列基础共性标准规范和通用技术要求。虽然还不是一个大而全的标准体系，也不能涵盖所有标准，但是针对性强，有助于指导船用设备数字化转型和智能化升级。同时，本书汇集了船用配套设备智能集成与远程运维的相关研究成果，将其转化为标准，既为行业共享应用做出了贡献，也为如何面向国民经济主战场开展工程科技项目的研究提供了范例。

中国工程院院士

中国船舶科学研究中心研究员、名誉所长

吴有生

2024 年 3 月 29 日

前　言

　　智能船舶是新一代高新技术船舶竞争的风口,船用配套设备数字化是智能船舶发展的基础,实现数字化船用配套设备安全、高效集成是智能船舶发展的关键。

　　本书是在中国造船工程学会标准化学术委员会领导下,对标《智能船舶标准体系建设指南(征求意见稿)》总体规划,在"船用设备智能集成与远程运维关键技术研究"项目形成的系列标准草案和应用验证基础上编写而成,旨在促进项目研究成果的行业共享和推广应用。

　　本书收集了十三项已发布的船用配套设备智能集成与远程运维标准,包括:

　　围绕船用设备智能集成与远程运维需求,形成了运维通则,明确了标准体系构架;针对船用设备集成的基础共性技术需求,形成了船用设备标识编码要求、智能集成可靠性设计要求、智能集成原则与要求,以及信息集成平台通用技术要求和远程运维系统接入要求等系列标准;面向船用设备运维智能化需求,形成了船用设备远程运维系统技术规范和状态监测、健康管理、视情维护、虚拟运维等智能集成与远程运维系统通用技术要求;面向船用设备智能集成与远程运维系统应用,形成了数据管理要求和知识库建设规范。

　　本书内容系统性、实用性强,可供从事船舶与设备数字化、智能化的科研人员与工程师参考,也可供船舶与海洋工程、能源动力相关专业的高年级本科生、研究生阅读。

编　者
2024 年 2 月

目　　录

标准（团体）一
船用设备智能集成与远程运维通则

引　言

本标准按照 GB/T 1.1—2020《标准化工作导则 第 1 部分:标准化文件的结构和起草规则》的规定起草。

本标准的发布机构不承担识别专利的责任。

本标准由中国造船工程学会标准化学术委员会提出。

本标准由中国造船工程学会归口。

本标准起草单位:武汉理工大学、中国造船工程学会、上海外高桥造船有限公司、震兑工业智能科技有限公司、武汉船用设备机械有限责任公司。

本标准主要起草人:汤敏、王俊利、陈刚、邱伯华、王献忠、李汭。

本标准为首次发布。

1 范　围

依据《船舶工业标准体系(2012 年版)》《智能船舶标准体系建设指南(征求意见稿)》和《智能船舶规范》(2020)等相关标准、指南、规范要求,规定了面向智能船舶的船用机械设备(DB)在典型应用场景下的智能集成与远程运维标准体系、结构框架及其术语定义等,用于指导船用设备智能集成与远程运维系统的开发与应用。

2　规范性引用文件

下列文件中的内容通过文中的规范性引用而构成本标准必不可少的条款。其中,注日期的引用文件,仅该日期对应的版本适用于本标准;不注日期的引用文件,其最新版本(包括所有的修改单)适用于本标准。

工业和信息化部、国家标准化管理委员会《船舶工业标准体系(2012 年版)》

工业和信息化部《智能船舶标准体系建设指南(征求意见稿)》

中国船级社《智能船舶规范》(2020)

3　术语和定义

针对本系列标准面向的设备范围、应用场景和行业首次出现名词术语进行定义。

3.1　船用设备 marine equipment

依据《船舶工业标准体系(2012 年版)》,船用设备包括锅炉与压力容器、舱室辅机与机舱设备、甲板机械、船舶消防与救生设备、船舶环保设备、船舶通信导航设备、船舶管路附件、液压与气动元件等。

3.2 设备编码 equipment coding

将设备信息对象转换为数字或字母的组合,用于船用设备集成系统中的设备管理,区分所定义的概念同其他并列概念间的差异特征。

3.3 设备标识 device identification

基于设备编码原则形成,用来表明对象特征和标记识别的记号,用于船用设备集成系统的设备身份识别。

3.4 集成平台 integrated platform

船舶复杂信息环境下系统集成运行和应用开发的软硬件平台,集成平台包含适配器、网关及相关软件等,对运行其上的应用进行管理,为应用提供服务,具有标准化、模块化架构和开放性功能,在异构分布环境(操作系统、网络、数据库)下,提供透明、一致的信息访问和交互手段,支持船用设备与系统的多源异构信息接入与数据集成,实现船岸协同信息与数据交互和利用,满足船舶信息化和船岸协同监管与服务需要。

3.5 智能应用场景 intelligent application scenarios

基于"一个集成平台+N 个智能应用"框架,针对智能船舶发展的阶段性需要以及本系列标准内容,围绕"远程监测、远程操控、远程运维"三类典型智能应用场景,实现基于集成平台的船用设备集成互联和智能应用。

3.6 远程监测 remote monitor

以船岸通信和工业互联网技术为基础,对表征设备运行状态的信息和数据进行处理、分析、诊断,监测指标数据劣化过程的发展,实现设备的船端集中或者岸基远程诊断与服务,实现诊断服务的有效性和及时性,避免可能出现故障或者性能下降引发危害安全的事故,并为维修、更换提供决策支持。

3.7 远程操控 remote control

以船岸通信和工业互联网技术为基础,基于设备状态与反馈数据,支持远程操控指令(操控指令可来源于自动控制程序,也可来源于人工操作)实现设备的船端集中和岸基远程的操作控制。

3.8 远程运维 remote maintenance

以船岸通信和工业互联网技术为基础,基于船载设备状态监测数据,实现设备的船端集中和岸基远程的数据采集与分析,判断设备按要求执行能力,并提供相应的远程服务。

3.9 虚拟运维 virtual maintenance

虚拟运维是实体装备在虚拟信息空间中的映射,是设备运行、诊断、维护、维修等过程的数字化的体现。

4 标 准 组 成

对标《智能船舶标准体系建设指南(征求意见稿)》框架,面向"船用设备智能集成与远程运维"技术需要,围绕"远程监测、远程运维、远程操控"三个智能应用场景,形成"基础共性、系统集成、维护保养、数据管理与应用"四个方面的系列标准体系架构与标准布局,具体如表1所示。

表1 系列标准体系架构与标准布局

类别		标准名称	标准编号
基础共性-A	1	船用设备智能集成与远程运维通则	T/CSNAME 050—2022
	2	船用设备标识编码要求	T/CSNAME 051—2022
	3	船用设备智能集成可靠性设计要求	T/CSNAME 052—2023
系统集成-BE	4	船用设备智能集成原则与要求	T/CSNAME 053—2023
	5	船用设备信息集成平台通用技术要求	T/CSNAME 054—2023
	6	船用设备远程运维系统接入要求	T/CSNAME 055—2022

表1(续)

类别		标准名称	标准编号
维护保养-GC	7	船用设备远程运维系统技术规范	T/CSNAME 056—2022
	8	船用设备智能集成与远程运维系统 第1部分:状态监测	T/CSNAME 057—2023
	9	船用设备智能集成与远程运维系统 第2部分:健康管理	T/CSNAME 058—2023
	10	船用设备智能集成与远程运维系统 第3部分:视情维护	T/CSNAME 059—2023
	11	船用设备智能集成与远程运维系统 第4部分:虚拟运维	T/CSNAME 060—2023
数据管理与应用-BD	12	船用设备远程运维数据管理要求	T/CSNAME 063—2022
	13	船用设备智能集成与运维知识库建设规范	T/CSNAME 064—2022

5   智能集成总体要求

船用设备在满足智能船舶数字化、智能化和安全可靠运行的前提下,面向"远程监测、远程运维、远程操控"不同智能应用场景和功能区域相关设备系统集成需要,基于船载集成平台接口协议标准与设备接入规范,实现船用设备集成互联和信息汇集,应具有设备编码唯一、数据采集与管理、信息协同与共享等功能,支持面向设备运行管控决策与优化的数据应用,详细要求见 T/CSNAME 053—2023《船用设备智能集成原则与要求》。

6   远程运维系统总体要求

远程运维系统包括船端子系统、岸基子系统两部分,通过船岸通信链路实现船端子系统与岸基子系统的数据交互。基于船岸协同运维流程与规范,船端子系统应具有状态监测、故障诊断、运维保障、通用管理等功能;岸基子系统应具有远程状态监测、远程专家诊断、远程运维管理、通用管理等功能;远程运维系统与设备控制系统、集成平台界面应清晰,数据交互通信协议与要求明确,支持运行数据管理与分析利用,实现设备管理优化提升和运维服务功能,详细要求见 T/CSNAME 056—2022《船用设备远程运维系统技术规范》。

参 考 标 准

[1]　　GB/T 13413—1992 船舶通用术语船舶系统

[2]　　CB 3568—1993 船舶机械术语

标准(团体)二
船用设备标识编码要求

引　言

本标准按照 GB/T 1.1—2020《标准化工作导则 第 1 部分:标准化文件的结构和起草规则》的规定起草。

本标准的发布机构不承担识别专利的责任。

本标准由中国造船工程学会标准化学术委员会提出。

本标准由中国造船工程学会归口。

本标准起草单位:中远海运能源运输股份有限公司、武汉理工大学、武汉船用机械有限责任公司、上海外高桥造船有限公司、上海船舶运输科学研究所有限公司。

本标准主要起草人:俞伯正、王献忠、汤敏、李沨、凌志远、耿佳东、刘芳、姜权洲、詹必鑫、董胜利。

本标准为首次发布。

1 范　围

本标准规定了船用设备标识编码的传递流程以及编码要求。

本标准适用于船舶设备的标识编码,标识编码对象应包括《船舶工业标准体系(2012年版)》中规定的船用机械设备。

2 规范性引用文件

下列文件中的内容通过文中的规范性引用而构成本标准必不可少的条款。其中,注日期的引用文件,仅该日期对应的版本适用于本标准;不注日期的引用文件,其最新版本(包括所有的修改单)适用于本标准。

《中华人民共和国船舶识别号管理规定》(2010)

工业和信息化部、国家标准化管理委员会《船舶工业标准体系(2012年版)》

工业和信息化部《智能船舶标准体系建设指南(征求意见稿)》

中国船级社《智能船舶规范》(2020)

3 术语和定义

T/CSNAME 050—2022《船用设备智能集成与远程运维通则》界定的术语和定义适用于本标准。

4 编　码　要　求

4.1 编码对象及分类

标识编码对象,应包括但不限于《船舶工业标准体系(2012年版)》中规定的船用机械设备(DB类)和新型特种船用设备,具体如下:

1.锅炉与压力容器(DBA):锅炉、压力容器、海水淡化装置等。

2.舱室辅机与机舱设备(DBB):

a)泵阀类:常温泵阀、低温泵阀、超低温泵阀、高温泵、常温阀、高温阀、低温阀;

b)船用空调通风及制冷系统:空调系统、通风系统、供暖系统、余热回用、制冷系统;

c)舱室辅助设备:燃油供油单元、船用碟式分离机、辅机电驱化等;

d)综合管理系统:能效管理系统、运维管理系统、舱室智能辅助控制系统、舱室辅机设备健康管理系统等。

3.甲板机械(DBC):

a)锚系设备:起锚机、系泊绞车等;

b)起吊设备:甲板吊机、波浪补偿吊机等;

c)操舵系统:舵机、操舵装置、舵承。

4.船舶消防设备(DBD):

a)救生设备:救生载具、个人救生设备、艇降落装置;

b)消防用品及设备:灭火系统、火警系统、消防员装备、消防防爆通信设备。

5.船舶环保设备(DBE):

a)船用水处理系统:压载水系统、舱底水系统、日用水系统等;

b)固体污染处理系统:焚烧炉等;

c)气体处理系统:船用惰性气体发生装置、黑炭减排装置、烟气脱硫系统、污染物一体化减排装置等;

d)污染物控制设备:大气污染物在线监测装置。

6.船舶管路附件(DBF):阀件、消防接头、法兰、管件、管式液位计、管子吊架、测深装置元件、吸入粗水滤器、泥箱、油位计、止动器、重力和真空排水系统等。

7.液压与气动元件(DBG):电液伺服阀、液压控制阀、双向溢流阀组、液力耦合器、液压铰链、防爆电磁阀、液压油箱、气动逻辑元件、气动调速阀、气动电磁阀、气动延时阀、控制气源净化装置等。

8.新型特种船用设备,包括但不限于:

a)物探船拖曳系统:万米电缆拖曳绞车;

b)风电安装船作业设备:升降系统、打桩锤;

c)多功能作业支持船甲板设备:拖缆机、重载特种布放回收系统;

d)钻井船锚泊定位系统:集中控制系统、系泊止链器;

e)LNG 外输系统:LNG 卸载软管绞车系统;

f)单点系泊系统:流体旋转接头。

4.2　编码传递

4.2.1　编码传递流程

船用设备标识编码传递基本流程如图 1 所示,流程应涉及船用设备、智能集成平台和设备运维系统三个对象。

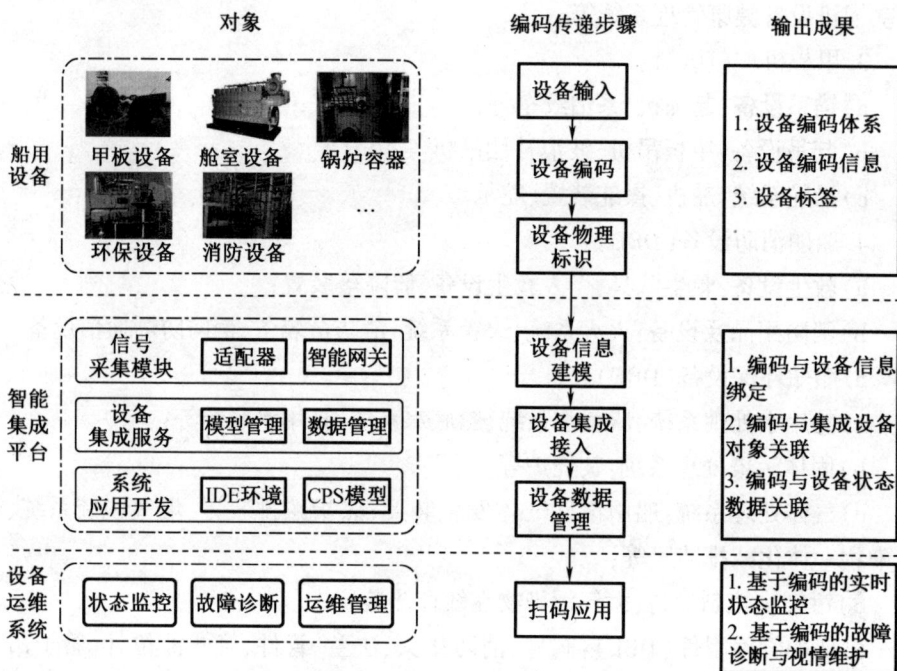

图1　船用设备标识编码传递基本流程示意图

编码的产生应随船舶的设备对象规划设计、制造和运营过程发生,设备对象应具备唯一的编码及物理标识。

编码应随设备接入智能集成平台后纳入平台数据库管理,并与设备对象模型、基本信息、状态数据等平台收集或产生的指定设备相关数据关联。

编码应可被设备运维系统所使用,通过扫描、输入等多种方式实现编码信息的输入和编码关联信息的输出及前端呈现。

4.2.2　编码可视化

船用设备由设备标识编码转换为可视化信息,通过智能集成平台的信息建模、集成接入和数据管理以及设备运维系统的扫描,实现设备标识编码的可视化。

船用设备编码用于对船用设备的类别、系列范围、应用船舶信息、布置及状态等信息的可视化展示。

4.3 编码原则

4.3.1 编码结构
编码结构由通用信息编码、专用信息编码和可拓展信息组成。

4.3.2 稳定性
在标识编码设计中,应保持编码的稳定性,一台船用设备应只有一个编码,一个编码应只对应一台船用设备,尽可能不变动,或尽可能使因编码变动造成的影响最小。

4.3.3 字符与格式一致性
应使用阿拉伯数字和英文字母进行编码,应尽量避免大小写字母混用或使用形相近的代码。

在同一个船用设备标识编码体系中,同一类型的船用设备的编码应使用相同类型的符号。

4.4 编码要求

4.4.1 通用信息编码
船用设备通用信息编码由设备缩写号、类别号、系列号、规格等信息组成。

4.4.2 专用信息编码
船用设备专用信息编码由船号、入级的船级社、安装位置、设备顺序号等信息组成,主要与船舶实际工程相关。

4.4.3 唯一性和可拓展性
船用设备编码具有全生命周期的唯一性,并按照船舶建造项目拓展相关专用信息编码。

4.4.4 新型特种设备
新型特种船用设备参照以上编码原则,按照船舶建造项目制定通用信息编码、专用信息编码和可拓展信息原则,并按照项目制定的编码原则产生编码。

5　船用设备标识编码组成

船用设备标识编码一般由船用设备的通用信息编码、专用信息编码和可扩展信息组成编码,其一般形式如图2所示。

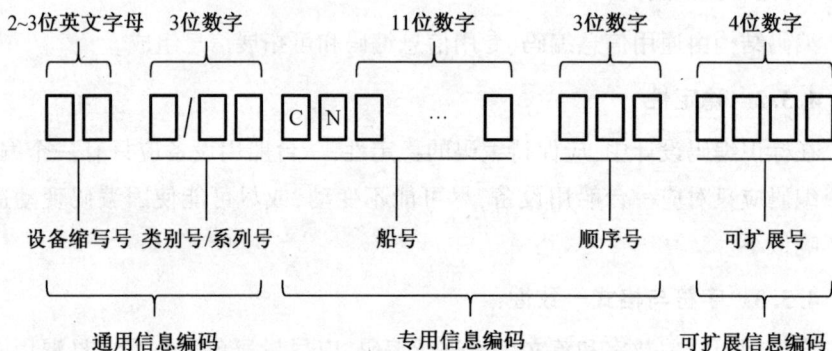

图2　船用设备标识编码组成的一般形式

5.1　设备通用信息

船用设备标识编码的通用信息包括设备缩写号、类别号、系列号。

设备缩写号由两个英文字母组成,一般形式和表示的意义如表1所示。

表1　船用设备缩写号

船用设备	英文	缩写号	船用设备	英文	缩写号
锚绞机	anchor winch	AW	卫星定位系统	satellite positioning system	SP
主机	main engine	ME	计程仪	taximeter	TA
轴系	shaft and stern tube system	SS	测深仪	fathometer	FM
发电机组	generating set	GS	电罗经	gyro compass	GC
锅炉	boiler system	BS	风速风向仪	anemometer	AM
舵机	steering gear	SG	自动舵	autopilot	AP

表1(续)

船用设备	英文	缩写号	船用设备	英文	缩写号
舱底水总用泵	engine room total bilge pump	TP	主机遥控系统	main engine remote control system	RC
机舱低温冷却淡水泵	engine room cryogenic cooling fresh water pump	CF	油水分离器	bilge water separator	BW
机舱主冷却海水泵	engine room main cooling sea water pump	CP	机舱舱底泵	engine room bilge pump	BP
中央冷却器	central cooler	CC	货舱进水系统	cargo hold flooded system	HF
焚烧炉	incinerator	IN	阀门遥控系统	valves remote control system	VR
污水处理装置	sewage and bilge system	SB	火灾报警系统	fire alarm system	FA
废气洗涤装置	exhaust gas washing device	EG	机舱风机	engine room fan	EF
舵角指示器	rudder angle indicator	RA	二氧化碳灭火系统	CO_2 fire extinguish system	FE
自动识别系统	automatic identification system	AI	机舱水喷淋系统	engine room local fire fighting system	FF

　　未列明的其他船用设备缩写号,应由设备英文名称每个单词首字母组成,原则上缩写号不超过 3 个字母,且不应与其他船用设备缩写号重复。

　　类别号由 1 位数字组成,编号值由数字 1 到 5 表示。系列号由 2 位数字组成,编号值由数字 01~06 表示,一般形式和表示的意义如表 2 所示。

表2 船用设备类别号、系列号

类别	类别号	系列	系列号	设备
甲板机械	1	锚系设备	01	起锚机
				系泊绞车
		起吊设备	02	甲板吊机
				波浪补偿吊机
		操舵系统	03	舵机
				操舵装置
				舵承
舱室辅机与机舱设备	2	泵阀类	01	常温泵阀
				低温泵阀
				超低温泵阀
				高温泵
				常温阀
				高温阀
				低温阀
		船用空调通风及制冷系统	02	空调系统
				通风系统
				供暖系统
				余热回用
				制冷系统
舱室辅机与机舱设备	2	舱室辅助设备	04	燃油供油单元
				船用碟式分离机
				辅机电驱化
		综合管理系统	05	能效管理系统
				运维管理系统
				舱室智能辅助控制系统
				舱室辅机设备健康管理系统
锅炉与压力容器	3	锅炉	01	锅炉
				压力容器
				海水淡化装置

表 2(续 1)

类别	类别号	系列	系列号	设备
船舶环保设备	4	船用水处理系统	01	压载水系统
				舱底水系统
				日用水系统
		固体污染处理系统	02	焚烧炉
		气体处理系统	03	船用惰性气体发生装置
				黑炭减排装置
				烟气脱硫系统
				污染物一体化减排装置
		污染物控制设备	04	大气污染物在线监测装置
船舶安全与消防设备	5	救生设备	01	救生载具
				个人救生设备
				艇降落装置
		消防用品及设备	02	灭火系统
				火警系统
				消防员装备
				消防防爆通信设备
新型特种船用设备	6	物探船拖曳系统	01	万米电缆拖曳绞车
		风电安装船作业设备	02	升降系统
				打桩锤
新型特种船用设备	6	多功能作业支持船甲板设备	03	拖缆机
				重载特种布放回收系统
		钻井船锚泊定位系统	04	集中控制系统
				系泊止链器
		LNG 外输系统	05	LNG 卸载软管绞车系统
		单点系泊系统	06	流体旋转接头

5.2　设备专用信息

船用设备标识编码的专用信息包括船号和顺序号。

本标准中,船号即为船舶识别号,指用于永久识别船舶的唯一编码。依照

《中华人民共和国船舶登记条例》,船舶识别号由英文字母 CN 和 11 位阿拉伯数字组成。CN 代表中国,11 位阿拉伯数字的前 4 位表示船舶安放龙骨的年份,第 5 至 10 位是随机编号,第 11 位是校验码。

顺序号为 3 位数字字符,顺序号范围 001～999,用于标记多台相同设备在船舶中不同位置的分布,从下到上,从艉到艏,从里到外。

5.3 设备可拓展信息

船用设备标识编码的可扩展信息包括 4 位数字字符的可扩展号,用于补充其他船用设备信息,由数字组成。

附录 A 210 000 DWT 散货船船用设备标识应用案例(资料性)

依据本标准相关原则与要求,基于智能船舶"一个集成平台+N 个智能应用"框架和 T/CSNAME 050—2022《船用设备智能集成与远程运维通则》的远程运维智能应用场景原则,船用设备标识编码应用示例如表 A.1 所示。

表 A.1 船用设备标识编码应用示例

序号	应用场景	设备类别	设备对象	设备编码
1	远程监测	船舶状态感知	自动识别系统	AIS6/01CN47774540000001
2			卫星定位系统	AIS6/01CN47774540000002
3			计程仪	AIS6/01CN47774540000003
4			电罗经	AIS6/01CN47774540000004
5			舵角指示器	RA6/02CN47774540000001
6		消防设备	火灾报警系统	FA4/02CN47774540000001
7			二氧化碳系统	FA4/02CN47774540000002
8			机舱水雾报警	FA4/02CN47774540000003
9			机舱风机	EF2/02CN47774540000001
10		防浸水	机舱舱底泵	BP2/01CN47774540000001

表 A.1(续)

序号	应用场景	设备类别	设备对象	设备编码
11	远程运维	机舱设备	主机	ME6/04CN47774540000001
12			发电机组#1	GE6/04CN47774540000001
13			发电机组#2	GE6/04CN47774540000002
14			发电机组#3	GE6/04CN47774540000003
15			锅炉	BS2/03CN47774540000001
16			舱底总用泵	BP2/01CN47774540000002
17			机舱低温冷却淡水泵	BP2/01CN47774540000003
18			机舱主冷却海水泵	BP2/01CN47774540000004
19		环保设备	焚烧炉	IN3/02CN47774540000001
20			污水处理装置	SB3/01CN47774540000001
21			废气洗涤装置	EG3/03CN47774540000001
22	远程操控	锚泊设备	起锚机(右舷)	AW1/01CN47774540000001
23			起锚机(左舷)	AW1/01CN47774540000002

设备编码以一维码和二维码的形式,通过粘贴、磁吸和卡片悬挂等方式安置于设备的显眼位置。基于船用设备远程运维系统,轮机人员可便捷巡检设备,巡检设备信息来源于远程运维系统的实时数据。

为实现基于巡检设备的船用设备远程运维业务,设备远程运维系统应比对设备数据字典与实际设备信息并进行编码初始化,巡检设备应按要求保持并更新设备历史状态数据,包括设备实时运行状态监控、实时故障状态监控等。船员可通过便携式计算机或平板设备等巡检装备,在装备接入船舶无线局域网络的前提下,实时对各设备相关状态信息进行监控;对于未建立无线局域网络的船舶,系统支持离线查看设备基本情况及设备历史状态,支持在指定网络覆盖位置查看设备实时状态信息。

参 考 标 准

[1]　GB/T 13413—1992 船舶通用术语 船舶系统
[2]　CB/T 4332—2013 船用柴油机配套产品型号编制方法

[3]　CB 3568—1993 船舶机械术语
[4]　T/CSNAME 050—2022 船用设备智能集成与远程运维通则
[5]　T/CSNAME 053—2023 船用设备智能集成原则与要求

标准(团体)三

船用设备智能集成可靠性设计要求

引　言

本标准按照 GB/T 1.1—2020《标准化工作导则 第 1 部分：标准化文件的结构和起草规则》的规定起草。

本标准由中国造船工程学会标准化学术委员会提出。

本标准由中国造船工程学会归口。

本标准起草单位：武汉船用机械有限责任公司、武汉理工大学、中国造船工程学会、上海船舶运输科学研究所有限公司。

本标准主要起草人：覃刚、王强、汤敏、白秀琴、曾力、李汎、赵玫佳、韩冰、陈宇航、董从林、王献忠、卢明剑。

本标准为首次发布。

1 范　　围

本标准面向船用设备智能集成的可靠性设计需求,分别针对船用设备、智能集成平台和设备接入平台,提出了可靠性设计的目的、原则和要点,用于指导船用设备实现智能集成的可靠性设计。

2　规范性引用文件

下列文件中的内容通过文中的规范性引用而构成本标准必不可少的条款。其中,注日期的引用文件,仅该日期对应的版本适用于本标准;不注日期的引用文件,其最新版本(包括所有的修改单)适用于本标准。

GJB 450A—2004 装备可靠性工作通用要求

GJB 813—1990 可靠性模型的建立和可靠性预计

GJB/Z 35—1993 元器件降额准则

3　术语和定义

GJB 451A—2005《可靠性维修性保障性术语》和 T/CSNAME 050—2022《船用设备智能集成与远程运维通则》界定的术语和定义适用于本标准。

3.1　可靠性 reliability

可靠性是在规定的条件下和规定的时间内,船用设备完成智能集成功能的能力。

3.2　可靠性设计 reliability design

可靠性设计是根据可靠性理论与方法,确定产品零部件以及整机的结构方案和有关参数的过程。

3.3　可靠性定量设计 reliability quantitative design

可靠性定量设计是对产品的可靠性指标进行定量计算,评估设计方案能否满足规定的可靠性定量指标要求,进而采取优化措施。

3.4　任务剖面 mission profile

任务剖面是产品在完成规定任务时间内所经历的事件和环境的时序描述。

3.5　任务可靠性 mission reliability

任务可靠性是产品在规定的任务剖面内完成规定功能的能力。

3.6　故障 fault

故障是系统不能执行规定功能的状态。通常而言,故障是指系统中因部分元器件功能失效而导致整个系统功能恶化的事件。

3.7　可靠度 degree of reliability

可靠度是产品在规定的条件下和规定的时间内,完成规定功能的概率。

3.8　平均无故障工作时间 mean time between failure

平均无故障工作时间也称平均故障间隔时间,是指产品在相邻故障间隔期内正确工作的平均时间,其度量方法为:在规定的条件下和规定的时间内,产品寿命单位总数与故障总次数之比。

4　可靠性设计目的

可靠性设计的目的是在综合考虑产品或系统的性能、成本等因素的基础上,采用相应的可靠性设计技术,找出潜在的隐患和薄弱环节,通过设计预防和设计改进,使产品或系统达到规定的可靠性要求。一般包含以下两种情况:

1. 按照给定的可靠性设计指标要求进行设计,一般用于船用设备新产品设计;

2. 对船用设备现有定型产品和智能集成的薄弱环节,应用可靠性设计方法加以改进和提高,以达到可靠性增长的目的。

5 可靠性设计原则

5.1 可靠性设计原则

可靠性设计原则如下：

1.应遵循预防为主、早期投入的原则,各项可靠性设计分析工作应安排在研制过程的早期阶段,不要等到可靠性试验时再去发现问题或缺陷;

2.可靠性设计工作应贯穿于设计的各个阶段,包括方案设计阶段、技术设计阶段和施工设计阶段;

3.可靠性设计工作应与性能设计工作同步进行;

4.应遵循采用成熟设计的可靠性设计原则,控制新技术在设计中应用的比例;

5.应采用有效的可靠性设计方法来保证设计的可靠性水平;

6.应合理组织可靠性设计团队,设置可靠性专业人员和产品可靠性兼职人员,团队成员应各司其职。

基于可靠性工程技术,可靠性设计方法应用原则如表1所示。

表 1　可靠性设计方法应用原则

序号	可靠性设计方法	方法依据	应用原则
1	可靠性设计准则	GJB 450A—2004 装备可靠性工作通用要求	可靠性设计定性方法,通过制定相应产品可靠性设计准则,在产品设计过程中逐条对可靠性设计准则予以贯彻落实,并分阶段进行设计准则符合性分析,使可靠性设计准则的贯彻实施与产品的性能设计同步
2	可靠性建模	GJB 813—90 可靠性模型的建立和可靠性预计;GJB 450A—2004 装备可靠性工作通用要求	以产品功能为基础建立可靠性模型,可靠性模型应包括可靠性框图和相应的数学模型,应根据需要建立基本可靠性模型和任务可靠性模型,用于分配、预计和评价产品的可靠性

表1(续1)

序号	可靠性设计方法	方法依据	应用原则
3	可靠性分配	GJB 450A—2004 装备可靠性工作通用要求	应将可靠性定量要求分配到规定的产品层次(包括软件),作为可靠性设计和提出外协、外购产品可靠性定量要求的依据。可靠性分配值应与可靠性模型一致
4	故障模式影响及危害性分析(FMECA)	GB/T 7826—2012 系统可靠性分析技术 失效模式和影响分析(FMEA)程序	在方案设计阶段,运用归纳的方法,通过系统分析,确定元器件、零件、部件、子系统所有可能的故障模式,以及每一故障模式的原因及影响,将每种故障模式按其影响的严重程度及发生概率排序,从而发现设计中潜在的薄弱环节。经故障模式影响及危害性分析可获得产品故障知识库,这是后续开展可靠性设计的有效工具
5	故障树分析(FTA)	GJB/Z 768A—98 故障树分析指南	在方案设计阶段,通过建立故障树,自上而下地使用演绎法寻找产品(系统)最不希望发生事件(也称顶事件)发生的原因组合。故障树分析的特点是直观、明了,思路清晰,逻辑性强。以故障树分析为基础,可以做定性分析(监测点分析、健康模型分析、故障诊断分析),也可以做定量分析(产品故障率、可靠度计算)
6	可靠性预计	GJB 813—90 可靠性模型的建立和可靠性预计; GJB 450A—2004 装备可靠性工作通用要求	在产品定型前,基于系统可靠性模型和"应力-强度理论",对产品应完成的规定功能以及其出现故障的概率进行仿真计算,获得对应故障模式的可靠性指标;采用适当的可靠性算法对产品的可靠性指标进行预计,评价产品研发提出的设计方案能否满足规定的可靠性定量要求

表1(续2)

序号	可靠性设计方法	方法依据	应用原则
7	可靠性定量计算	GJB 450A—2004 装备可靠性工作通用要求	基于产品任务剖面分析,综合应用仿真技术、可靠性试验以及历史可靠性数据计算,进行可修复产品的任务可靠性指标评价与设计验证

可靠性设计准则的编制依据一般包含以下几点:

1.船用设备和集成平台研制合同(包括工作说明)中规定的可靠性设计要求;

2.国内外有关船用设备和智能集成的规范、标准和手册中所提出的可靠性设计准则等相关内容;

3.类似船用设备和集成平台、设备接入中制定贯彻的可靠性设计准则中的有关条款;

4.对现场使用人员在船用设备和集成平台及使用过程中对可靠性方面的需求进行整理,并将其转化为实际的可靠性设计准则;

5.研制单位积累的可靠性设计经验和教训。

5.2 船用设备智能集成可靠性设计原则

船用设备智能集成可靠性设计包括船用设备可靠性设计、支撑船用设备智能集成的集成平台可靠性设计和船用设备接入平台的集成接口的可靠性设计。船用设备可靠性应采用定性分析和定量计算结合的方式进行设计,集成平台及设备接入平台可靠性宜采用定性分析方法进行设计,主要设计原则如下:

1.船用设备的可靠性设计:针对船用设备,以提高船用设备集成接入可靠性为目标,提出设备相关可靠性设计原则与要点;

2.集成平台的可靠性设计:集成平台作为各个船用设备集成接入的基础平台,面向"远程监测、远程运维、远程操控"船用设备智能化应用场景,提出可靠性设计原则与要点;

3.设备接入平台的可靠性设计:面向船用设备智能化应用场景,提出基于集成平台的设备接入的可靠性设计原则与要点。

6　可靠性设计要点

6.1　船用设备的可靠性设计要点

6.1.1　安全性分析

应针对传感器、采集器、控制器等可能危及设备安全的主要故障模式进行分析,提出消除不安全因素的措施。

6.1.2　任务可靠性分析

针对设备集成带来的设备控制程序修改,应对可能严重影响设备控制功能的部分进行稳健性设计。

6.1.3　关键零部件分析

对于与集成相关且一旦发生故障易引起严重后果的零部件、不易检查的零部件应进行高可靠性设计。

6.1.4　电气元器件分析

针对传感器、采集器、控制器等元器件应制定优选清单,建立电子电气元件的技术验证手段,如专用试验测试设施等。

6.1.5　接口分析

保证设备集成接口的局部故障不会在设备上更大范围的扩散。

6.1.6　技术成熟度分析

优先选用经过充分验证、技术成熟的集成设计方案,提高集成设计的继承性,不能采用未经验证的新技术、新工艺、新材料,严格控制新技术的采用比例。

6.1.7　工艺性分析

产品设计方案中应考虑生产工艺对设备集成可靠性的影响。

6.1.8　人机工程学分析

集成设备及其元器件的噪声、振动、发光、温度等条件,都应在人体的承受能力范围内,各种传感器、采集器、控制器等元器件的布置方法和操作等都应在人力所能及的范围内。

6.1.9　安装影响分析

应避免由于元器件安装设计不当而引起的定位困难、安装差错、相互影响等。

6.1.10 环境影响分析

应考虑环境对元器件可靠性的影响,安装在高温区的所有元器件、管、线及其设施应具有耐高温措施或防护装置。

6.1.11 人员安全性分析

总体设计、传感器布置应使人员不会接近高温、有毒性的物质和化学制剂、放射性物质以及处于其他有危害的环境,否则,应设防护与报警装置。

6.1.12 其他设计要点

设计中应考虑设备集成功能测试、包装、贮存、装卸、运输、维修对设备可靠性的影响。

6.2 集成平台的可靠性设计要点

6.2.1 环境影响分析

平台服务器、采集箱等硬件设备应引用环境试验标准,选用抗电磁干扰的电子模块及元器件。

6.2.2 技术成熟度分析

平台软硬件单元应优先采用防错的设计方法,通过使用经过充分验证、技术成熟的软件平台、硬件产品来提高整体的可靠性。

6.2.3 任务可靠性分析

平台软硬件应关注任务可靠性,包括:

1. 总体设计时应考虑各个软硬件单元出现故障时,不会影响整个系统的正常运行。功能设计开发应遵守相互怀疑原则,即在设计任何一个单元、模块时,假设其他单元、模块存在着错误,提高冗余的可能。

2. 平台应具备查错能力,可提示系统错误问题,应可对应用系统的实时程序实行最大生存期的监视,避免因程序漏洞而导致系统卡死,采用时钟中断的方式对任务进行有效监视。

3. 对于难检查、故障影响危害大的硬件单元,宜采用冗余技术提高整个系统的可靠性,当主设备由于故障因素不能完成规定功能时,冗余设备自动或手动投入运行,保持连续正确地执行其程序和输入输出功能。

6.2.4 稳健性分析

平台服务层功能模块应关注稳健性,各项服务任务应模块化,尽可能降低内聚和耦合程度。

6.2.5　安全性分析

平台应关注功能运行、数据安全性,包括:

1.在安全隐患时具备识别和立即停止程序运行的能力,包括应遵循权限最小化原则,不应因任一账户或任一业务功能而导致平台无法使用。

2.平台设计不允许一个用户的应用程序引用或修改其他用户的应用程序或数据;不允许一个用户的应用程序引用或修改操作系统的编码或操作系统内部的数据。

3.平台应具备保护服务及数据的能力,使其不致由操作系统的错误而引起程序和数据的偶然变更;平台功能绝对不能终止系统工作,不能诱发操作系统去改变其他的应用程序或数据。

6.2.6　故障容许度分析

平台设计应关注容错,包括:

1.功能设计应采用"时间容错",包括执行不成功的指令重复执行和执行不成功的程序模块重复执行。对于复执不成功的情况,根据需要选择合适的处理方法,包括发出中断转入错误处理程序、对程序进行复算或放弃程序处理。

2.平台设计应采用"信息容错",为检测或纠正信息在运算或传输中的错误外加一部分信息,保证设计输出的正确。

6.3　设备接入平台的可靠性设计要点

6.3.1　技术成熟度分析

设备与平台接口设计应考虑技术成熟度,包括:

1.设备控制单元应配置标准通用的接口,提高兼容性和可维护性;

2.平台信号接口箱数据交互时宜使用通用的物联协议和通信协议。

6.3.2　任务可靠性分析

设备与平台硬件接口应关注传输的稳定可靠,包括:

1.设备集成应保证传输的高可靠性,对各接入主干以太网的设备接入方式应进行冗余设计;

2.设备集成接入应根据需要设置正确的数据交换方法和机制流程,确保数据可被平台应用系统有效使用;

3.对于软件信息集成的设备集成接入,应具备异常检测和恢复能力。

6.3.3 环境影响分析

对于硬线连接的设备集成接入应尽可能消除电磁、温度、盐雾、振动等环境因素对采集数据的干扰。

6.3.4 稳健性分析

单个设备接入的故障问题应不影响其他设备接入,平台具备将指定接入任务进行挂起的能力,并标识挂起的设备对象,便于后续检测问题。

7 可靠性设计验证

7.1 可靠性试验验证项目

船用设备智能集成可靠性试验验证项目包括但不限于以下几项:

1. 设备及元器件环境适应性检测,抗静电测试,抗电磁干扰测试,高低温负荷试验,盐雾环境交变试验,振动、冲击试验;

2. 平台软件安全性检测,性能指标检测,异常恢复检测,平台硬件环境适应性检测,抗静电测试,抗电磁干扰测试,高低温负荷试验,盐雾环境交变试验,振动、冲击试验;

3. 设备集成接入功能检测、安全性检测、性能指标检测。

7.2 可靠性试验类型

船用设备智能集成可靠性试验主要包括可靠性研制试验、可靠性增长试验和可靠性验收试验。

7.3 可靠性试验要点

7.3.1 可靠性研制试验

可靠性研制试验的目的是通过对船用设备及集成平台施加适当的环境应力、系统负载、入侵和异常信息,寻找设计中的缺陷,以改进设计,提高其固有可靠性水平。其实施要点如下:

1. 在研制阶段应尽早开展可靠性研制试验,通过 TAAF 过程(即试验—分析—改进的反复迭代过程)来提高船用设备及集成平台的可靠性;

2. 可靠性研制试验是船用设备及集成平台研制试验的组成部分,应尽可能与船用设备及集成平台的研制试验结合进行；

3. 应制定可靠性研制试验方案,对关键零部件、元器件、核心功能模块等新技术含量较高的部分实施可靠性研制试验；

4. 硬件可靠性研制试验可采用加速应力进行,软件可靠性研制试验可采用安全测试、负载测试、异常恢复测试进行,以尽快找出船用设备及集成平台的薄弱环节或验证设计余量；

5. 试验中发生的故障均应纳入故障报告、分析和纠正系统,并对试验后船用设备及集成平台的可靠性状况做出说明。

7.3.2　可靠性增长试验

可靠性增长试验是通过对船用设备及集成平台施加综合环境应力,暴露潜在缺陷,并采取纠正措施使船用设备及集成平台的可靠性达到预定要求。其实施要点如下：

1. 针对船用设备关键零部件及元器件可通过施加真实的或模拟的综合环境应力,针对平台系统可通过健壮性测试,促使潜在故障表现出来；

2. 在进行可靠性增长试验前应制定可靠性增长试验方案；

3. 在不同的寿命周期阶段,可采用不同的方法及技术实现可靠性增长。

7.3.3　可靠性验收试验

可靠性验收试验是验证船用设备及集成平台的可靠性是否达到预定要求。其实施要点如下：

1. 针对船用设备关键零部件及元器件应在有限样本、时间和费用条件下制定高效可行的可靠性试验验证方案；

2. 可靠性验收试验可采用实船外场试验的方式进行；

3. 因在实际过程中,船用设备关键零部件及元器件在工作环境中发生退化的过程非常缓慢,因此针对硬件测试,可以考虑提高应力水平,使退化加速。

参 考 标 准

［1］　GJB 450A—2004 装备可靠性工作通用要求

［2］　GJB 813—1990 可靠性模型的建立和可靠性预计

［3］　GJB/Z 35—1993 元器件降额准则

［4］　GJB 451A—2005 可靠性维修性保障性术语

引　言

本标准按照 GB/T 1.1—2020《标准化工作导则 第 1 部分:标准化文件的结构和起草规则》的规定起草。

本标准的发布机构不承担识别专利的责任。

本标准由中国造船工程学会标准化学术委员会提出。

本标准由中国造船工程学会归口。

本标准起草单位:上海外高桥造船有限公司、武汉理工大学、武汉船用机械有限责任公司、震兑工业智能科技有限公司、上海船舶运输科学研究所有限公司。

本标准主要起草人:陈刚、顾洪彬、汤敏、李沨、邱伯华、王献忠、姜权洲、韩冰、董帅。

本标准为首次发布。

1 范　　围

本标准规定了船用设备智能集成原则与要求,适用于《船舶工业标准体系(2012年版)》的船用机械设备(DB),主要包括锅炉与压力容器(DBA)、舱室辅机与机舱设备(DBB)、甲板机械(DBC)、船舶消防设备(DBD)、船舶环保设备(DBE)、船舶管路附件(DBF)、液压与气动元件(DBG)等设备,其他设备参照执行。

2　规范性引用文件

下列文件中的内容通过文中的规范性引用而构成本标准必不可少的条款。其中,注日期的引用文件,仅该日期对应的版本适用于本标准;不注日期的引用文件,其最新版本(包括所有的修改单)适用于本标准。

工业和信息化部、国家标准化管理委员会《船舶工业标准体系(2012年版)》

中国船级社《智能船舶规范》(2020)

T/CSNAME 050—2022 船用设备智能集成与远程运维通则

T/CSNAME 051—2022 船用设备标识编码要求

3　术语和定义

T/CSNAME 050—2022 界定的术语和定义适用于本标准。

4　智能集成总体原则

4.1　集成设备的可识别性与唯一性

集成设备应满足 T/CSNAME 051—2022《船用设备标识编码要求》,形成每台设备标识编码,作为设备接入系统的唯一身份标识,用于设备集成与控制和数据管理与应用。

4.2　集成设备的完整性与相对独立性

集成设备应具有满足全船智能化技术要求的完整状态,集成接口符合集成平台标准,集成数据规范可利用;集成设备应满足智能船舶数字化、智能化功能要求,与集成平台之间控制逻辑清晰、界面友好,产品经过船级社检验认可。

4.3　集成平台的模块化与可扩展性

集成平台应具有模块化功能架构,满足不同智能船舶的应用需要,支撑船用设备船岸协同数据管理与应用,具有设备接入标准化原则和不同应用场景、不同设备接入解决方案。

4.4　集成平台的可靠性与安全性

集成平台应满足中国船级社《智能船舶规范》(2020)相关要求;平台系统具有物理安全、逻辑安全和运营安全三方面的功能,建立多层级和动态、适度的安全技术体系,以应对智能船舶运营的多方面风险和威胁,满足设备可靠运行和系统数据安全要求。

5　智能集成应用原则

5.1　面向不同应用场景的设备集成

面向船用设备的"远程监测、远程运维和远程操控"三种不同应用场景需要,满足基于集成平台的接入接口和数据交互原则,支持实现船用设备船岸协同的"远程监测、远程运维和远程操控"相关功能要求。

5.2　面向区域相关的设备集成

针对甲板、舱室等典型区域相关设备,形成区域控制系统,满足基于集成平台的接入接口和数据交互原则,支持高效协同的运行管控相关功能实现。

5.3 集成平台数据应用与服务

基于集成平台,实现集成设备的数据处理、数据存储、数据管理和数据发布,支撑船用设备的状态监测、故障诊断、预测性维护、全生命周期管理等服务功能实现,满足船岸协同"远程监测、远程运维和远程操控"等功能要求。

5.4 智能集成平台架构

船用设备智能集成平台架构如图 1 所示,包括设备层和平台层。

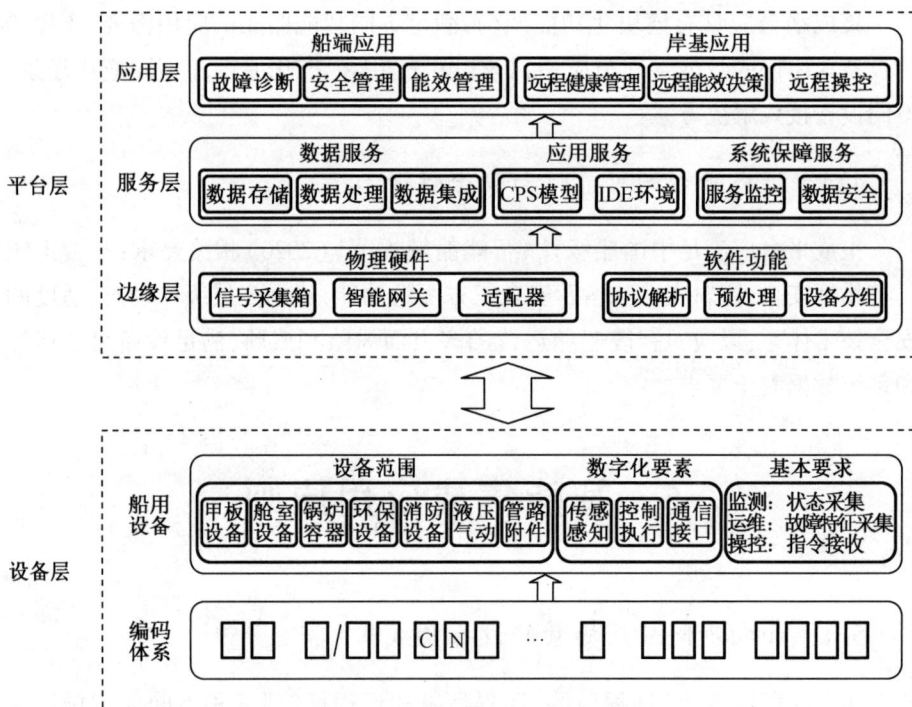

图 1 船用设备智能集成平台架构

在设备层中,基于唯一、可识别等原则对船用设备进行编码标识,安装和运行各类仪器和传感器,以实现设备状态可监测、可采集。在平台层中,按照应用场景、区域相关的集成原则,可以划分为三个层次:应用层、服务层及边缘层。边缘层通过安全可靠的模块化网络适配边缘模块,在服务层将采集到的船用设备的控制参数、环境参数和状态参数等进行数据存储、处理和传输,可实现基于决策分析的控制指令下达;通过可扩展的数据服务、应用服务工具,在应用层基于船端和岸基实现设备的以安全管理、运营管理、能效管理等为主题的应用服务。

6　智能集成技术要求

6.1　设备层要求

1. 设备具有状态、环境、控制等参数的数据采集、处理与控制等功能;

2. 按照智能船舶总体要求,设备具有"远程监测、远程运维和远程操控"等相关功能,本地控制与远程控制逻辑清晰,界面明确;

3. 依据 T/CSNAME 051—2022《船用设备标识编码要求》,按照智能船舶总体要求,设备具有唯一的编码标识。

6.2　平台层要求

1. 围绕"远程监测、远程运维和远程操控"不同场景集成需要,集成平台具有船用设备的统一接入要求,支持终端设备与系统的数据信息接入;

2. 支持集成平台船用设备可靠实现"远程监测、远程运维和远程操控"功能;

3. 具有状态、环境、控制等参数的数据管理、数据安全和数据传输等功能,具有稳定可靠的通信协议和系统数据传递机制;

4. 具有权限管理、运行监控等功能,实现平台安全可靠运行,防止非授权方进行登录、操作和修改;

5. 支持开展船用设备运行数据的统计分析、综合评估、预报预警和管理决策等功能;

6. 满足 T/CSNAME 054—2023《船用设备信息集成平台通用技术要求》。

6.3　集成接口要求

船用设备智能集成平台接口应满足以下要求:

1. 平台应具备设备集成接入能力,可以部署传感装置、硬件采集模块或 SCADA 系统等。相应地,平台应具备设备集成接入适配能力,支持通过现场总线、船端以太网、船端光纤网络等通信网络实现 Profinet、Modbus TCP、Modbus RTU、Modbus ASCII、NMEA、OPC UA、OPC DA 等通用通信协议的设备集成接入。详细的设备集成接入要求见 T/CSNAME 055—2022《船用设备远程运维系统接入要求》。

2. 平台应具备应用软件集成的能力,支持以单点登录、网页嵌入等方式,实现与第三方软件系统的集成交互,具备 cookie、认证、跨域等单点登录能力;平台宜开放开发工具和服务,支持第三方应用在系统框架下进行开发和应用。

3. 平台应具备船岸平台环境数据交互能力,船端子系统与岸基子系统的通信方式包括但不限于卫星通信、移动网络、专用网络,具体通信方式由船舶通信配置确定,当船舶不具备与岸基通信能力时,也可由系统的硬件设备建立移动通信链路。船端子系统与岸基子系统的数据交互通信协议应具备在低带宽高延迟不可靠的网络下和资源有限的硬件环境内进行相对可靠的数据传输的功能,包括具备数据传输中断时的断点续传功能,包括采用加密、轻量化等数据安全可靠传输技术。

4. 满足 T/CSNAME 054—2023《船用设备信息集成平台通用技术要求》。

附录 A　210 000 DWT 散货船船用设备智能集成示范应用案例(资料性)

A.1　示范船设备智能集成方案

A.1.1　面向应用场景的示范船设备智能集成方案

基于中国船级社《智能船舶规范》(2020)对智能船舶的定义和远程控制船舶岸基对设备智能集成提出的明确要求,本附录案例选用 30 类典型设备进行智能集成的规范展示,通过把 30 类设备的主要信息集成在一个统一的平台上,确定智能集成平台能否利用数据分析认知船舶和设备的真实状态,能否清晰分析环境和设备自身状态变化对运行能力的影响,能否结合偏差程度找到关联因素并判断影响程度,为设备与系统的操作和控制、检修、管理等方面的决策提供支持。

按照船用设备远程监测、远程运维和远程操控三类智能应用场景,制定智能集成方案。

1. 远程监测

根据远程控制对场景感知的要求,如《智能船舶规范》(2020)8.2.3.2明确规定了在远程控制站至少要显示船舶的主机控制状态、船舶的航路信息、船舶所处海域的海况和气象信息、周围场景信息、船舶的指挥信息和船舶各系统的状态信息等,选定如表A.1所示的场景感知类设备进行远程监测。

表 A.1　示范船场景感知类远程监测设备清单

序号	类别	设备名称	接口信息/要素
1	场景感知类	舵角指示器	舵角
2		自动识别系统	通信标识码、基本信息
3		卫星定位系统	经度、纬度
4		计程仪	对水速度、对地航程
5		测深仪	水深
6		电罗经	船首向
7		风速风向仪	风速、航向
8		自动舵	舵角指令、操舵模式
9		主机遥控系统	主机备车、航行等运行状态、主机停车、降速等故障报警
10		油水分离器	油水分离器泵运行时间过长、油温高等故障报警

根据远程控制对消防的要求,如《智能船舶规范》(2020)8.4.4.2"监测报警与安全保护"和8.4.4.3"状态监测与健康评估"中明确为实现远程控制站操作与控制消防设备和系统,至少要显示固定式探火和失火报警系统、自动喷水器、机械通风系统等信息;应至少对文中规定的消防系统和设备,如机械通风系统、固定式气体灭火系统、自动喷水器、探火和失火报警系统进行状态监测与健康评估,选定如表A.2所示的消防类设备进行远程监测。

表 A.2 示范船消防类远程监测设备清单

序号	类别	设备名称	接口信息/要素
1	消防类	火灾报警系统	主管路压力、火灾报警信息
2		机舱风机	风机报警信息
3		CO_2 系统	设备供电失效等报警信息、CO_2 释放报警
4		机舱水喷淋	设备供电失效等报警信息、水喷淋释放报警

根据远程控制对防止浸水的要求,如《智能船舶规范》(2020)8.5.2.9"防止浸水"和8.5.7"船体安全"中明确机舱防止浸水除了满足 CCS 规范外,舱底泵等运行时间长或过于频繁起动等运行状态应在远程控制站显示;涉及船体安全的相关重要参数应进行采集与监测、监测舱室的进水并报警等,选定如表 A.3 所示的防浸水类设备进行远程监测。

表 A.3 示范船防浸水类远程监测设备清单

序号	类别	设备名称	接口信息/要素
1	防浸水类	机舱舱底泵	启动/停机等运行状态
2		货舱进水	报警状态
3		阀门遥控系统	低液位、高压、高温报警信息

2. 远程运维

根据远程控制对机舱设备和防污染设备的要求,如《智能船舶规范》(2020)8.5.2"轮机装置"中明确主推进及主推进相关的辅助系统、锅炉、发电机、轴系和操舵装置等机舱重要设备;《智能船舶规范》(2020)8.5.2.8"状态监测与健康管理"中进一步明确,应设有状态监测与健康评估系统,对机舱内的主推进装置、辅助发电柴油机、锅炉、重要辅助系统等进行状态监测和健康评估,选定如表 A.4 所示的机舱类和防污染类设备进行远程运行和维护。

表 A.4 示范船远程运维设备清单

序号	类别	设备名称	接口信息/要素
1	机舱类	主机	主滑油运行状态、主燃油运行状态、主滑油报警信息、主燃油报警信息
2		轴系	设备轴承温度高、控制压力低、油箱油位低等异常报警信息
3		发电机组	滑油运行状态、燃油运行状态、滑油报警信息、燃油报警信息
4		锅炉	进出口流体状态、设备燃油泵失效、液位低、燃油温度高等异常报警信息
5		舵机	设备电机超载、滤器阻塞等异常报警信息
6		主滑油泵	设备轴承振动异常报警信息
7		机舱低温冷却淡水泵	设备轴承振动异常报警信息
8		机舱主冷却海水泵	设备轴承振动异常报警信息
9		中央冷却器	主管路压力、温度等状态
10	防污染类	焚烧炉	工作模式、温度、负压、容积等运行状态,设备异常报警信息
11		污水处理装置	排量、浊度等运行状态,设备电机过载、液位高等异常报警信息
12		废气洗涤装置	泵压力、气体温度、pH 值等运行状态,设备振动异常报警信息

3. 远程操控

根据远程控制对锚泊设备的要求,如《智能船舶规范》(2020)8.5.6"锚泊"中明确锚机应能远程控制。锚机应能根据指令自动收链、放链、刹车及开关离合器。锚机应能监测锚链的放出长度、速度和锚链拉力;掣链器、锚链冲洗装置和锚链水排放装置、锚和锚链系留(航行时)装置应能远程控制操作;在紧急情况下,如他船走锚具有撞船风险,锚链无法回收时,应能通过远程控制操作弃链器等要求,选定如表 A.5 所示的锚机设备进行远程操作和控制。

表 A.5　示范船远程操控设备清单

序号	类别	设备名称	接口信息/要素
1	抛锚类	锚绞机	止链器、离合、刹车运行状态,设备电机过载、泵站油温高、压力高等异常报警信息,一键备锚、抛锚、起锚操控指令

A.1.2　面向区域的示范船设备智能集成方案

1. 通导类设备集成方案

通导类示范设备集成在统一通导系统,由通导系统与设备集成平台进行集成交互,数据集成采用 NMEA 协议,设备集成方案如表 A.6 所示。

表 A.6　通导类设备集成方案

类别	设备对象	设备编码	接口协议格式	串行通信参数
远程监测	舵角指示器	RA6/02CN47774540000001	NMEA	
远程监测	自动识别系统	AIS6/01CN47774540000001	NMEA	
远程监测	卫星定位系统	SPS6/01CN47774540000001	NMEA	波特率:4 800 bps
远程监测	计程仪	TA6/01CN47774540000001	NMEA	起始位:1 bit
远程监测	测深仪	FM6/01CN47774540000001	NMEA	数据位:8 bit
远程监测	电罗经	GC6/01CN47774540000001	NMEA	停止位:1 bit
远程监测	风速风向仪	AM6/01CN47774540000001	NMEA	
远程监测	自动舵	AP6/02CN47774540000001	NMEA	

2. 机舱设备集成方案

机舱示范设备集成在机舱监控报警系统,由机舱监控报警系统与设备集成平台进行集成交互,数据集成采用 Modbus TCP 协议,设备集成方案如表 A.7 所示。

表 A.7　机舱设备集成方案

类别	设备对象	设备编码	接口协议格式	串口地址/IP
远程监测	主机遥控系统	RC6/02CN47774540000001	Modbus TCP	192.168.10.100
远程监测	油水分离器	BW6/03CN47774540000001	Modbus TCP	
远程监测	火灾报警系统	FA4/02CN47774540000001	Modbus TCP	
远程监测	机舱风机	EF2/02CN47774540000001	Modbus TCP	
远程监测	CO_2 系统	FE4/02CN47774540000001	Modbus TCP	
远程监测	机舱水雾报警	FF4/02CN47774540000001	Modbus TCP	
远程监测	机舱舱底泵	BP2/01CN47774540000001	Modbus TCP	
远程监测	货舱进水	HF2/01CN47774540000001	Modbus TCP	
远程监测	阀门遥控系统	VR2/01CN47774540000001	Modbus TCP	192.168.10.100
远程运维	舵机	SG1/03CN47774540000001	Modbus TCP	
远程运维	中央冷却器	CC2/02CN47774540000001	Modbus TCP	
远程运维	主机	ME6/04CN47774540000001	Modbus TCP	
远程运维	轴系	SS6/04CN47774540000001	Modbus TCP	
远程运维	发电机组	GE6/04CN47774540000001	Modbus TCP	
远程运维	锅炉	BS2/03CN47774540000001	Modbus TCP	

A.1.3　示范船设备数据应用方案

按照模块化设计的原则和系统功能需求,船岸一体远程运维系统按照监控对象来进行功能模块的划分,主要包含远程监测、远程运维、远程操控三项,按照系统部署和用户对象划分,包含船端系统和岸基系统两类。

1.船端系统功能设计

a)状态监控(船端)

主要是建立面向异构设备对象的船端集成监测报警系统,实现设备运行状态数据的采集和异常报警功能。

b)健康管理(船端)

面向船用设备的运维业务,实现船端的故障诊断分析,并提出设备的维修建议。

c)远程操控(船端)

基于具备一键操控功能的数字化锚机,开展远程操控起锚机的数据传输安全保障技术研究,突破船岸数据一致性、数据时效性、数据加密安全等关键技术问题。

d)数据采集(船端)

面向 30 类设备船岸一体远程运维不同应用场景的需要,实现设备集成连接、数据采集与协议解析。

2. 岸基系统功能设计

a)远程监测(岸基)

基于船端监测与报警,建立船岸一体设备远程监测系统,实现设备运行的状态远程监测和报警。

b)远程运维(岸基)

基于船端设备故障诊断与报警,在岸基实现远程的设备健康管理,对现场反馈的异常问题进行专家诊断。

c)远程操控(岸基)

开发完成起锚机岸基远程操控系统,实现远程操控指令下发船端,船端分权控制同步、锚机运行状态实时监测等功能。

d)数据集成(岸基)

面向 30 类设备采集设备的远程监测需要,实现采集数据的远程发送及与相关应用系统的集成共享。

综上,船岸一体远程运维系统的软件功能设计如表 A.8 所示。

表 A.8 船岸一体远程运维系统软件功能

序号	模块	子编号	子模块	主要功能说明
1	船岸一体远程运维系统船端应用	11	状态监控	30 类设备运行状态、关键监测点的监控和报警
		12	健康管理	远程运维类设备故障诊断分析及维护建议
		13	远程操控	操控分权控制、安全性校验及指令下发
		14	数据采集	30 类设备实时连接、数据采集及分发

表 A.8(续)

序号	模块	子编号	子模块	主要功能说明
2	船岸一体远程运维系统岸基应用	21	远程监测	30 类设备运行状态远程监测和报警
		22	远程运维	远程运维类设备故障情况的远程监管及异常问题诊断反馈
		23	远程操控	远程一键操控、分权控制、状态可视化、安全保障
		24	数据集成	30 类设备实时状态数据集成共享

A.1.4　示范船设备智能集成系统架构

示范船船岸一体远程运维系统包括岸基应用和船端应用两部分。系统间通过智能网关箱连接船载的海事卫星进行船岸之间的数据交互。船岸一体远程运维系统船端应用通过系统配置的信号采集箱,可实现与船端其他系统的通信,通过边缘计算智能终端对系统运行所需设备状态的数据进行采集。船岸一体远程运维系统整体架构如图 A.1 所示。

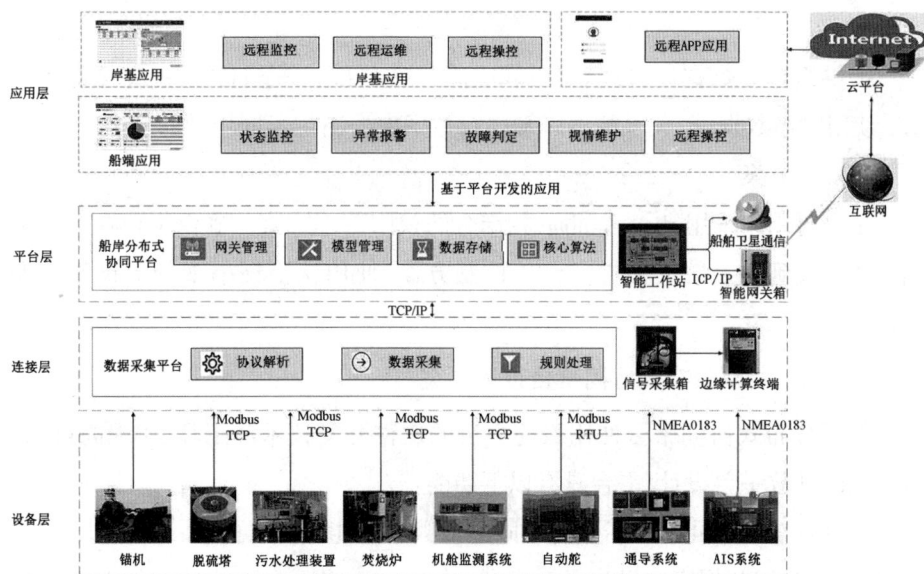

图 A.1　船岸一体远程运维系统整体架构

A.2　智能集成平台方案

A.2.1　平台设备集成与数据采集方案

数据采集主要为平台应用服务提供数据、权限、安全等保障,平台主要负责对主流船型的 30 类设备进行智能集成,采用协议适配技术对接入的设备进行信息建模,达到设备的统一数据采集和控制。

1. 数据采集

平台支持多种工业协议的数据采集。具备将不同协议、结构的数据转化为统一的船舶设备信息模型进行整合的能力,支持 Profinet、Modbus TCP、Modbus RTU、Modbus ASCII、NMEA、OPC UA、OPC DA 等通用通信协议的设备集成接入。

2. 数据存储

数据存储模块需实现船舶状态数据和智能系统业务数据的可靠存储,船舶状态数据包括智能集成平台从船舶网络系统中采集的综合机舱数据、设备传感器数据等原始数据及智能系统业务数据(包括系统基于原始数据二次计算的数据等)。

提供组合型数据库,以满足不同时间、热度数据和查询场景的存储访问需求,使用时序数据库、关系数据库和内存数据库来满足不同场景的需求。

3. 安全方案

平台对用户采用 rbac 和 abac 相结合的权限管理方案。确保平台在安全范围内能够达到最大的灵活性。设备控制方面,使用认证证书来确保操作的安全性。

A.2.2　船岸分布式协同平台设计方案

船岸分布式协同平台使用目前主流的软件开发技术和工具,实现高可用、可扩展的开放平台设计,平台具有以下功能:

1. 具备兼容不同类型船舶的不同类型数据的能力,数据具备高标准的安全存储,具备备用数据库和做好及时备份,支持对一些不常修改的数据在内存数据库中加以缓存。

2. 岸基平台对船舶发出的指令至少是双重认证。由于船舶在海域的网络状况不佳和卫星通信存在延迟,平台和船端应用要对网络延迟做相应的逻辑处理,以达到最佳的操作效果。

3. 船岸分布式协同平台支持用户,在平台基层架构选择上,有可扩展性和计算资源的伸缩性,并且支持高并发的网络传输,同时支持阻挡恶意网络攻击,有故障自动转移和恢复功能,并尽可能避免对服务的影响。

4. 在部署方式上,满足不同用户的部署需求。平台运行在公有云上,不同用户的服务支持部署在公云上。为满足不同用户的部署需求,支持部署在私有云和自建 IDC 机房,实现混合云的部署方式。

A.2.3　平台接口方案

平台对外开放标准接口,并提供相对应的安全策略。对外接口采用标准 Restful 风格的 API 接口,返回数据统一采用 JSON 格式,返回码等采用软件接口惯例,并提供不同主流语言的开发软件工具包,如 JAVA、Python、golang 等,便于快速接入平台。

每个租户通过注册的方式生成唯一的 ID 和密钥,并通过 ID 加密钥的方式进行数据交互。数据校验方面采用不可篡改的非对称加密技术,保证数据的可用性、完整性、真实性。所有请求都由 API 网关进行验证来提供服务,通过后放行,返回数据。

1. 应用接口

作为岸基 PaaS 平台,平台提供必要的基础设施和中间件,赋能开发人员、IT 管理员和最终用户构建、集成、迁移、部署、保护和管理移动及 Web 应用。

应用接口主要包括底层应用的调用,如对数据库、网关、服务发现、注册、用户租户管理等通过调用,实现新建租户、添加用户、自动发布应用等。应用接口还用于对应用的负载控制、状态维护等。

2. 算法接口

平台支持通用算法的调用与自定义算法的管理。

通过算法管理接口,实现算法 API 的导入、运行、升级、扩展、卸载等功能。支持不同语言的算法,开发者依照开发文档,即可方便地导入自定义算法,通过云端的算力为应用提供计算服务。

3. 数据接口

平台提供数据接口服务,方便用户管理自己的数据,并通过大数据分析平台进行数据价值的发掘。

数据权限使用基于 abac 的权限管理模型,通过数据的属性、操作类型、相关的环境来控制数据的访问权限,实现更加灵活的数据访问权限。

A.2.4 平台数据安全保障方案

数据安全包括岸基、船端、传输过程三方面。

1. 岸基安全

岸基平台作为船舶远端控制中心,确保安全性非常重要。岸基用户操作需要进行 MFA 等多重因素身份认证,如生物识别、多重密码验证、短信验证等,确保岸基用户的真实可靠性。

2. 船端安全

船端安全性措施主要有网络隔离、身份识别等。

船端网络划分出一个单独的域,供船端应用使用,并对船端平台进行防火墙规则设置,仅允许指定域或 IP 地址进行通信。

身份识别采用证书认证和密码 token 认证双重因素,通过双向 CA 证书认证,确认通过请求的合法性。

3. 传输安全

网络通信安全方面保证通信过程中传输的数据流不被篡改或丢包,确保数据准确完整地发送到目的地。

船端和岸基在通信协议上,API 接口使用基于 TCP/IP 的 HTTPS/TLS 加密,物联网协议的 MQTT 同样使用 TLS 加密协议;文件、日志传输等耗时通信应先压缩再进行传输,降低传输字节流,提高传输效率,并支持断点续传。

参 考 标 准

[1] GB/T 32854.1—2016 工业自动化系统与集成 制造系统先进控制与优化 软件集成 第 1 部分:总述、概念及术语

[2] GB 16655—2008 机械安全 集成制造系统 基本要求

[3] GB/T 33859—2017 环境管理 水足迹 原则、要求与指南

[4] GB/T 7027—2002 信息分类和编码的基本原则与方法

标准(团体)五
船用设备信息集成平台通用技术要求

引　言

本标准按照 GB/T 1.1—2020《标准化工作导则 第 1 部分:标准化文件的结构和起草规则》的规定起草。

本标准的发布机构不承担识别专利的责任。

本标准由中国造船工程学会标准化学术委员会提出。

本标准由中国造船工程学会归口。

本标准起草单位:震兑工业智能科技有限公司、中远海运能源运输股份有限公司、上海外高桥造船有限公司、武汉船用机械有限责任公司、武汉理工大学。

本标准主要起草人:邱伯华、张羽、魏幕恒、俞伯正、张学辉、李沨、高嵩、耿佳东。

本标准为首次发布。

1 范　围

本标准规定了船用设备信息集成平台的总体要求、实施构架，描述了各功能层对应的具体要求。适用于船用设备信息集成平台的设计开发、实施方案和运营维护。

2　规范性引用文件

下列文件中的内容通过文中的规范性引用而构成本标准必不可少的条款。其中，注日期的引用文件，仅该日期对应的版本适用于本标准；不注日期的引用文件，其最新版本（包括所有的修改单）适用于本标准。

中国船级社《智能船舶规范》(2020)

中国船级社《智能集成平台检验指南》(2018)

中国船级社《船舶智能机舱检验指南》(2017)

中国船级社《船舶网络系统要求及安全评估指南》(2020)

国际船级社协会 UR E26 Cyber resilience of ships

国际船级社协会 UR E27 Cyber resilience of on-board systems and equipment

ISO 19848 船舶和海洋技术 船舶机械和设备的标准数据

ISO 17359 机器状态监测与诊断 一般指南

ISO 13374-1 机器状态监测与诊断 数据处理、通信与表示 第 1 部分：一般指南

ISO 13379-2 机器状态监测与诊断 数据判读和诊断技术 第 2 部分：数据驱动应用

IEC 60092-201:2019 船舶电气设备 系统设计 总则（Electrical installations in ships- Part 201：System design-General）

3　术语和定义

下列术语和定义适用于本标准。

3.1　数据汇聚 data aggregation

把来源于不同船用设备、不同格式、不同类别的数据在逻辑上或物理上有机地集中,从而为智能应用提供数据共享服务。

3.2　远程运维应用 remote operation and maintenance applications

以船岸通信和工业互联网技术为基础,基于船载设备状态监测数据,实现设备的船端集中和岸基远程的数据分析,支持提供设备的状态监测与评估、状态分析、视情维护等相应的远程服务。

3.3　平台功能 platform function

平台在船用设备的集成与管控、数据的集成与管理、应用的集成与服务等方面提供互联互通互操作、数据融合共享、资源协同等服务支持。

3.4　实施构架 implementation framework

平台研发建设实施中的关键模块层级结构和作用关系。

4　缩　略　语

下列缩略语适用于本标准。

OPC UA:用于过程控制的对象连接与嵌入(OLE for process control)

MQTT:消息队列遥测传输(message queuing telemetry transport)

PLC:可编程逻辑控制器(programmable logic controller)

Modbus TCP:一种串行通信协议,工业电子设备之间常用的连接方式

Profinet:新一代基于工业以太网技术的自动化总线标准(process field net)

5　总 体 要 求

5.1　总体功能结构

船用设备信息集成平台的设计需从智能船舶能力需求出发,通过数据层面

的共享和共性组件的连接,为各个异构系统提供集成环境,解决数据统一、信息融合、服务透明、应用支撑、控制支持等问题,从而实现对船舶的全面监测和智能化管控,支持以设备运维为核心的远程服务。船用设备信息集成平台的设计开发应采用通用功能,具备包括资源接入、数据汇集、应用支撑在内的平台能力,向下连接感知和执行设备,向上支持船端智能管控和岸基智能服务系统。图1所示为船用设备信息集成平台功能结构图。

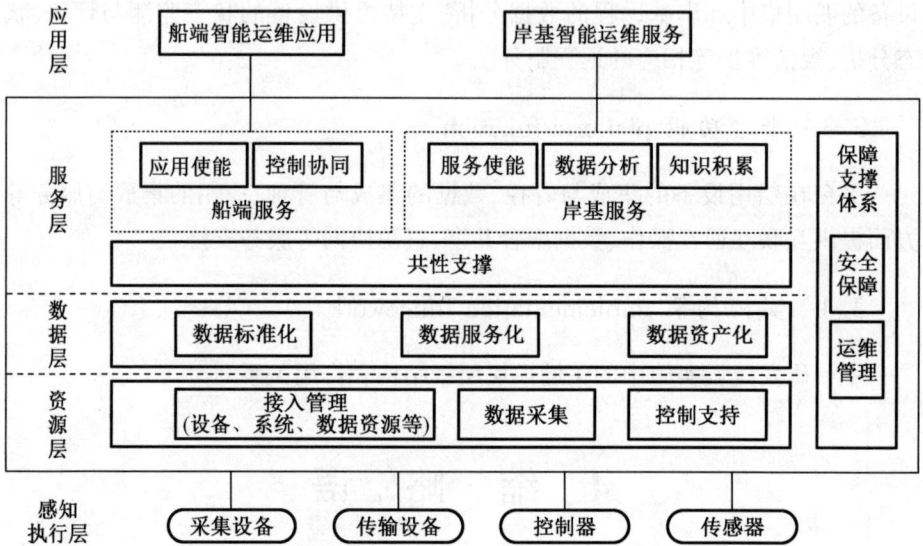

图1　船用设备信息集成平台功能结构图

5.2　平台功能要求

5.2.1　平台核心层

1.资源层:负责与船用设备、系统、网关以及外部数据源进行对接,能够采集甲板机械、环保设备、舱室设备等典型船用设备的运行数据及船舶航行相关的活动数据、环境感知数据等。主要包括接入管理功能、数据采集功能和控制支持功能。

a)接入管理:支持船用设备的接入、配置和管理;

b)数据采集:资源层应支持通过协议适配和格式转换来实现对船用设备的数据采集;

c)控制支持:支持岸基与船端建立安全可靠的船岸通信链路,支持船用设备的远程操控及执行反馈。

2. 数据层:解决全船设备的数据集成与融合问题,能够向船岸智能系统提供统一的,适应多业务场景的数据服务。

a)数据标准化:应保障船岸数据内外部使用和共享的一致性、准确性和规范性。

b)数据服务化:支持数据资源能够以透明的方式被使用,维护数据源整体上的一致性,提高信息共享利用的效率。提供平台各类数据源与外界系统和应用程序的访问共享接口,实现运维系统内的各类原始数据、加工和分析结果数据与数据应用和外部系统的对接集成。

c)数据资产化:在数据标准化和服务化的基础上,刻画出不同数据之间的内在联系,同时实现数据统一管理和统一归集、数据服务的权限控制等,具备数据模型管理、数据质量管理、数据共享管理的能力。

3. 服务层:将智能应用或智能服务集成在一个统一的访问环境中,通过软硬件资源共享等技术手段,为用户智能应用高效、快捷地提供统一的基础资源、数据资源和知识资源。

a)共性支撑:为了将数据层与应用层连接,平台在服务层提供多种模型、算法、服务与组件,以及可供各个模型生成、执行、管理、监控的统一环境,为上层智能应用提供必要支撑。

b)船端服务:控制协同方面,通过为船载智能系统及应用提供数据汇聚与融合等基础支撑,为设备控制提供系统间的互联互通互操作环境及船岸间的协同保障。应用使能方面,支持多智能应用间的交互,同时为智能应用之间的数据和函数提供接近实时的安全、快速通信。

c)岸基服务:服务使能方面,为用户智能服务,高效、快捷地提供统一的公共软硬件资源、数据资源和知识资源。数据分析方面,基于集成船舶设备、智能系统及第三方的各种数据、服务资源,面向用户的个性化需求,运用专用领域的支撑工具为其提供数据融合分析能力。知识积累方面,将知识、经验进行数字化和封装化,并在服务使能中实现积累。

5.2.2　船岸通信

船岸通信支持船岸之间进行数据交换和同步,确保实现船端状态数据向岸基的及时分发,以及岸基控制指令的准确执行和反馈,从而建立起稳定可靠的连接。

1. 面向船岸数据交互,支持船端数据异步传输,能够识别网络状态,配置通信传输策略。

2. 支持基于密码技术的船岸数据安全传输,保证数据安全。

3. 对于远程监测类数据,记录整船及其关键设备的运行状态,通过轻量化的船岸数据传输确保船舶设备状态数据的有效获取。

4. 对于远程运维类数据,重点关注数据的完整性和丢包率,支持岸基对船上设备精确运维决策的制定和传送。

5. 对于远程操控类数据,重点关注数据的安全性和时延率,确保远程操控的准确性和实时性。

5.2.3 远程支持

平台远程支持功能为船用设备的远程监测、远程运维、远程操控提供船岸协同的支撑和服务,支持控制指令下达与执行反馈,保障控制指令的一致性、唯一性、实时性。

5.3 设计原则

5.3.1 规范性要求

满足《智能船舶规范》(2020)对于智能集成平台的基本要求,包括系统总体结构、功能、软硬件、系统集成等方面的要求。

5.3.2 开放性要求

平台需要为船用设备、船载智能系统或智能应用间建立数据层或服务层的联系,须以开放性的设计为原则,建立通用的数据接口、规范的集成标准,适配设备支持的通信规程,对于智能应用或服务可基于平台建立起自身系统与设备的联系。

5.3.3 可拓展性要求

充分保证平台的可扩展性,拥有支持增加新模型及应用的扩展能力。能兼容原有船用管理系统,整合现有及新增的智能应用及服务,且不影响船舶固有关键系统的稳定运行。

5.3.4 可管理性要求

平台应具有统一的,包括应用远程部署、监控、测试、开启服务、软件升级、软件更新的集中管理功能。

5.3.5 可靠性要求

平台应能够提供持续可靠的服务,在软件及通信基础架构上具有快速恢复能力。

5.3.6　可协同性要求

提供船载设备和系统的统一互操作环境,支持不同智能系统之间共享信息并依据所共享的信息而做出行为的能力,实现任务的协同。

5.3.7　安全性要求

面向平台的应用、通信、数据和设备,提供包括但不限于加密、安全认证、权限控制、备份恢复等功能的安全可靠性机制。

6　技 术 要 求

6.1　方案构架

船用设备信息集成平台的方案架构如图2所示。

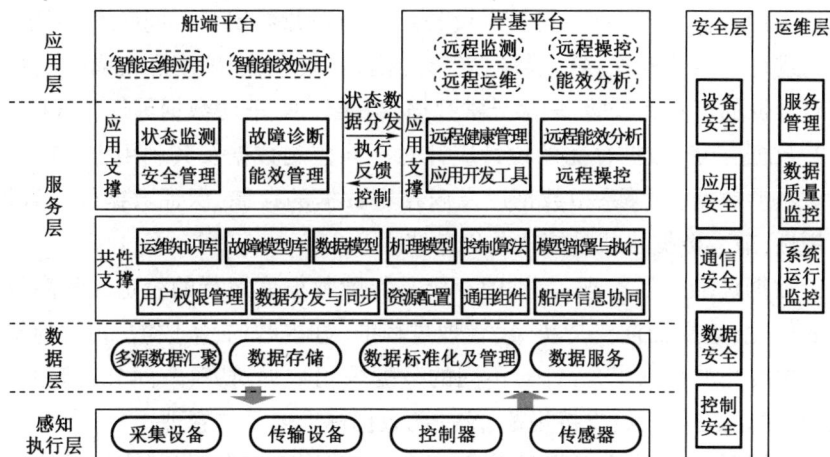

图2　船用设备信息集成平台的方案架构图

6.2　感知执行层

感知执行层部署于船端,连接平台的数据来源和控制对象,包含各种支持平台正常运行的硬件设备:数据采集设备、信号采集设备、传感器、控制器以及传输设备等,集成平台应兼容船舶各类传感器等监测数据的不同格式和类型。

1.采集设备:应支持完整、准确的数据采集,支持包括但不限于 Modbus、

Profinet、NMEA 等多种通信协议,获取设备状态数据、活动数据、环境数据等,并将数据传递给系统内部,同时支持基于 OPC UA 的汇聚服务。

2. 传输设备:应实现及时、可靠的数据传输,全船范围内船载设备、子系统的互联互通,确保数据交换、集成处理和反馈执行等相关数据可靠流动,船端应能够通过包括但不限于 HTTP、MQTT 等多种方式向岸基平台发送采集到的数据。

3. 控制器:支持对决策的精准物理实现,将平台赛博空间形成的决策作用到物理空间,使船载智能化设备能够以数据形式接收指令并可靠执行。

4. 传感器:采集机舱运行状态、船舶自身状态、船舶航行环境等数据相对应的感知设备。

6.3 数据层

设备传输的数据来源具备多样性与独特性,由数据层进行统一处理,保证平台数据基础的可用与可靠,是应用与服务的基础。包括多源数据汇聚、数据存储、数据标准化及管理以及数据服务。

1. 多源数据汇聚:将不同船用设备及系统来源数据及不同频率、不同结构的数据进行一致性处理,减少数据采集的模式、频率、准确度和可靠性的差异,支持对数据的审查和校验,剔除异常数据、错误数据、非法数据等低质数据。

2. 数据存储:数据存储的设计应针对不同监测数据及其利用方式的特点,支持关系型数据、非关系型数据以及内存型数据的存储,保证数据的一致性和高可用性,兼容数据格式且能持久化存储。

3. 数据标准化及管理:数据的存储需保障数据库运行的稳定性和高效性,并不断优化,建立面向支持决策、管理过程的,分主题的,集成的、相对稳定的、反映历史变化的数据集合;针对不同的数据采用数据对齐、空间分布等方式进行处理,建立数据目录;支持规范、统一的数据标准体系的管理。

4. 数据服务:面向业务场景需求,高效快速地将数据提供给应用系统,提高数据价值挖掘效率。

6.4 服务层

6.4.1 共性支撑层

共性支撑层连接上层智能应用和下层基础资源,高效、统一地提供异构资源,支撑上层智能应用与服务。

1. 运维知识库:包括但不限于运维技术、专家经验、行业知识,以模型化形式在船舶运行周期中封装,形成面向设备和全船的运维知识库。

2. 故障模型库:平台支持设备故障机理模型的规范统一汇集,实现远程运维故障报警模型、故障判定模型等故障机理模型库管理。

3. 数据模型:平台根据多维度、多层次的设备状态监测数据,以工程化数据关联分析、影响因素提取分析、自动聚类等数据驱动手段,充分进行设备的数据分析与挖掘,形成数据模型的积累。

4. 控制算法:依据控制对象的工程方案设计平台控制算法,为船用设备远程控制功能提供"岸基人机界面—船基集成平台—控制对象上位机—机旁控制系统—控制对象"的操控指令通路,应支持控制状态同步,逻辑切换,安全保护,指令的实时性、唯一性评估校验,用户权限等。

5. 模型部署与执行:具备共性支撑模型部署、执行、管理、监控的统一环境,能够管理用户创建的模型,功能应该包括模型分类管理、模型版本的发布及管理、模型运行状态的管理。

6. 用户权限管理:应具备基于角色的身份授权机制,通过关联细分功能的权限到用户角色,实现不同用户多角色的权限结构。

7. 数据分发与同步:平台应根据用户权限体系及业务场景需求,对应进行数据的分发和同步。

8. 资源配置:平台应支持高效、可靠的数据提取功能及向上服务能力。

9. 通用组件:通用组件包括工作流、消息、接口服务引擎,以及业务日志、任务调度、预警、内容管理等。

10. 船岸信息协同:面向控制命令的执行效能,实现具备高可靠性、强鲁棒性、快速响应和快速重构能力的全方位透明化的船岸协同管控。

6.4.2　应用支撑层

为了保证智能化集成与远程运维平台能够更好地支撑智能运维应用系统场景下的个性化应用,面向系统集成与远程运维的实际需求,面向船端平台和岸基平台的差异化业务场景,提供应用支撑工具模块。使业务化的算法模型以平台服务组件的方式支持上层应用的调用和典型场景应用的敏捷服务。

1. 船端平台面向船端监测和运维应用提供状态监测、安全管理、故障诊断、能效管理等应用支撑组件;

2. 岸基平台提供远程健康管理、远程能效分析、远程操控等应用支撑组件;

3. 应用开发工具支持敏捷开发,可供船东、船厂、配套商等多方使用,提供构建应用的工具。

6.5 应用层

平台内部针对不同用户需求提供多种应用,从船端和岸基为客户提供不同维度的服务。至少应支持以下应用的部署、运行与维护:

1. 船端平台,可承载包括但不限于舱室设备、甲板机械、环保设备等关键设备状态监测和智能运维应用,以及智能能效应用;

2. 岸基平台可承载远程监测、远程运维、能效分析等远程服务,支持典型设备的远程操控。

6.6 安全层

针对船用设备信息集成平台的安全威胁和防护措施,从安全技术和安全管理两个层面,针对应用安全、数据安全、通信安全、设备安全和控制安全等方面采取相应措施,满足系统持续稳定运行要求。

1. 应用安全

a)具有统一的用户管理功能,包括组织管理、用户管理、系统账号管理等;

b)支持基于密码技术的身份鉴别;

c)平台应对用户登录信息、用户的角色维护和授权、用户的业务操作、增删改查数据等行为进行行为审计记录;

d)平台架构设计应能够保证应用持续稳定高效运行,能够承载高并发运行,具备弹性能力;

e)支持智能应用行为监控,对智能系统以及所提供的服务等行为进行安全监控,阻止异常行为。

2. 数据安全

a)权限管理:平台提供统一的权限管理功能,对平台关键数据制定权限体系及访问控制策略,支持用户访问行为的细粒度控制和授权;

b)隐私保护:应对数据进行分类分级,应保证用户间的数据充分隔离,确保每个用户只能操作属于自己的数据,具备用户信息鉴别和校验能力;

c)机密性:通过加密机制,保障敏感数据传输、存储的机密性;

d)具备完善的数据备份策略和恢复机制,通过分布式存储设置多个副本;

e)平台应具备数据防篡改能力,分布式存储应保证数据一致性。

3. 通信安全

a)平台不同网络区域之间及平台与外部网络之间部署边界防护产品,实现平台内外部数据流量的解析、识别、控制;

b)船岸通信采用密码技术,通过通道加密、内容加密等技术手段保证通信过程的安全。

4. 设备安全

a) 采用鉴别机制对接入平台中的设备身份进行鉴别,确保数据来源于真实的设备;

b) 制定安全策略,实现对接入平台中设备访问的控制;

c) 做好设备的用户管理工作,如账户和权限的管理、默认账户的管理、过期账户的管理等。

5. 控制安全

a) 应具备访问控制的能力;

b) 应具备安全事件管理、应急响应的能力和预案;

c) 应执行有效的安全审计策略。

6.7　运维层

运维层应能完成平台的管理与运维,满足系统生命力要求,主要包括服务管理、系统运行监控、数据质量监控。

1. 服务管理:将平台提供的各种服务进行统一监控,对于出现问题的服务及时采取措施并记录,保证服务的稳定性;

2. 数据质量监控:为保证船舶原始数据具备较高质量,通过评估算法,从合理性、及时性、完备性、唯一性、一致性、有效性和准确性等多个方面进行监测;

3. 系统运行监控:对平台的资源进行监控与管理,包括数据访问、模型算法全周期管控,以及平台基础资源的配置等。

附录 A　210 000 DWT 散货船船用设备信息集成平台示范案例(资料性)

A.1　210 000 DWT 散货船船用设备信息集成平台简介

本平台延续智能船舶 1.0 的思路,将"1 个平台+N 个智能应用"架构由船端延伸至岸基。面向典型船用设备集成与服务"1+N"模式的构建需求,设计和研发船用设备智能集成与远程运维系统,部署于 210 000 DWT Bulk Carrier 型船舶,实现示范应用。

平台突破不同设备、系统的数据格式、接口协议差异带来的数据集成挑战,实现主流船型30类设备的规范接入,主要包括甲板机械、舱室辅机与机舱设备、船舶环保设备、船舶消防设备、传动及推进装置等船舶的核心组成部分;共性支撑工具模块,支撑岸基远程分析与管控系统、船岸一体远程运维系统应用开发与运行;远程控制平台工具模块,实现控制策略的执行处理、精准下发、及时反馈的控制闭环。装备层面,建立船用设备智能集成与服务的统一基础平台和集成框架,为建立船用设备互联互通互操作环境做出了有益探索;行业层面,通过平台将研发设计、生产建造、系统服务等各方拉通,形成以装备为核心的协作生态,提升装备产品设计-交付-使用-反馈的迭代效率,赋能船舶行业循环加速。平台总体设计如图 A.1 所示。

A.2 平台各功能层实施

感知执行层,包含传感器、控制器、设备等现场节点,智能网关负责从这些现场节点采集数据,然后将这些不同协议、异构的数据转为统一的设备信息模型,通过船端 OT 网发到智能信息平台。

资源层,包括物理机、虚拟机、容器、虚拟网络等基础设施资源。同时,部署了 IoT 管理平台,对智能网关进行管理,负责指定采集策略管理和协议管理。平台数据接入的主要对外信息接口如表 A.1 所示

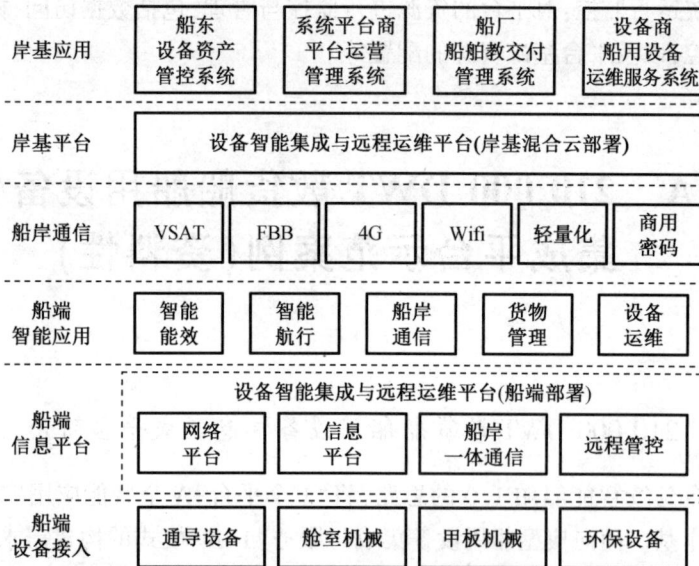

图 A.1 船用设备智能集成与远程运维系统总体设计

表 A.1　平台主要信息接口

发送方	接收方	信息内容	接口形式
监测报警系统	智能系统数据采集单元	机舱检测报警数据	以太网
锚绞机		运行工况和监测数据	以太网
焚烧炉		运行工况和监测数据	以太网
污水处理装置		运行工况和监测数据	以太网
废气洗涤装置		状态监测数据	以太网
主机监测系统		主机监测数据	以太网
舵桨监测系统		舵桨监测数据	以太网
液位遥测系统		舱室液位数据	RS485
GPS		导航仪数据	RS422/485
AIS		AIS 数据	RS422/485
卫星罗经		罗经数据	RS422/485
气象仪		风速风向数据	RS422/485
测深仪		测深仪数据	RS422/485
船舶雷达		雷达数据(ARPA)	RS422/485
电子海图		电子海图数据	RS422/485
自动操舵仪		自动舵数据	RS422/485

数据层,实时数据库负责对齐全船时间基准,对异常数据产生警告,并将产生的警告数据发布到消息总线中。同步后的数据由平台根据需求,建立面向支持决策、管理过程的,分主题的,集成的、相对稳定的、反映历史变化的数据集合,用于支持数据分析等业务,保证运行效率。数据管理服务提供统一的数据访问接口,应用可以通过该服务进行数据访问、存储、发布等业务操作。

服务层,消息总线负责应用间的数据同步、通知、公告等信息的发布。提供工作流引擎、BI、规则引擎、业务表单对象引擎、聚合日志等服务。服务管理提供了消息、公告功能,应用可以通过该接口在应用间或者应用内发布消息。面向船岸应用集成与服务的共性支撑工具建立了一套信息空间和物理空间闭环赋能体系,提供状态监测、数据分析、设备管理、远程控制等工具及其模型部署执行环境和平台监测工具,并能够集成已有的 CPS 模型工具模块,实现运维管理的模型化、代码化、工具化,使得船舶设备运维过程借助岸基远程运维系统实现快速迭代和持续优化,并且不断提升物理世界的应用效果。

A.3　远程控制支持模块

建立面向控制的互操作环境,作为统一的数据源向船用系统按需提供规范的数据,从而促进船舶装备的自动化能力的进一步提升。支持控制指令下达,可以在岸基用户界面进行设定值或开关量的设置,并将其发送到船端用户界面,实现锚绞机岸基到船端控制指令转发、船端到岸基的执行反馈,支持船岸状态同步,控制指令的实时性、唯一性、一致性校验评估。

A.4 船岸通信

平台支持船岸轻量化数据安全传输。在船上客户端的电脑部署软件接入模块,在岸上服务端部署安全接入系统,通过商用密码技术保障船岸通信安全:

1.接入模块与安全接入系统建立安全传输通道;

2.面向船岸交互采用国密算法对接入客户端进行身份认证并结合安全传输协议实现数据、操控指令传输的加密保护;

3.针对存储安全,可通过数据接口进行安全防护,针对不同等级类别的数据进行不同的安全验证;

4.针对岸基的数据和接口进行不同身份的安全防护。

A.5 数据权限和接口设计

数据所有者对数据有最高管理权限,包括上传数据、删除数据、分发数据、访问授权和取消授权等。数据访问者可以访问已授权数据,对于未授权数据,需要申请访问。同时,数据访问者对数据仅有访问权限,没有修改和删除的权限。

平台提供数据接口服务,方便用户管理自己的数据,并通过大数据分析平台进行数据价值的发掘。

数据权限使用基于 RBAC 的权限管理模型,通过数据的属性、操作类型、相关的环境来控制数据的访问权限,实现更加灵活的数据访问权限。

对外接口采用标准 Restful 风格的 API 接口,返回数据统一采用 JSON 格式,返回码等采用软件接口惯例,并提供不同主流语言的软件开发工具包,如JAVA,Python,Golang 等,便于快速接入平台。每个租户通过注册的方式生成唯一的 ID 和密钥,并通过 ID 加密钥的方式进行数据交互。数据校验方面采用不可篡改的非对称加密技术,保证数据的可用性、完整性、真实性。所有请求都通过 API 网关进行验证,通过后放行,提供服务,返回数据。

所有数据访问的 API 接口需要在 header 添加签名作为公共参数。Authorization 采用注册 APP Id-APP 密钥-时间戳拼接后进行 MD5 加密。参数如表 A.2 所示。

表 A.2　参数列表

参数	类型	必选	描述
App Id	String	是	接入系统注册 ID
timestamp	Integer	是	当前 UNIX 时间戳,记录请求的时间
Authorization	String	是	加密 token 字符串, MD5(App Id-App Secret-timestamp)

参 考 标 准

[1]　中国船级社《智能船舶规范》(2020)

[2]　中国船级社《智能集成平台检验指南》(2018)

[3]　中国船级社《船舶智能机舱检验指南》(2017)

[4]　中国船级社《船舶网络系统要求及安全评估指南》(2020)

[5]　国际船级社协会 UR E26 Cyber resilience of ships

[6]　国际船级社协会 UR E27 Cyber resilience of on-board systems and equipment

[7]　ISO 19848 船舶和海洋技术 船舶机械和设备的标准数据

[8]　ISO 17359 机器状态监测与诊断 一般指南

[9]　ISO 13374-1 机器状态监测与诊断 数据处理、通信与表示 第 1 部分:一般指南

[10]　ISO 13379-2 机器状态监测与诊断 数据判读和诊断技术 第 2 部分:数据驱动应用

[11]　IEC 60092-201:2019 船舶电气设备 系统设计 总则 (Electrical installations in ships- Part 201:System design-General)

标准(团体)六
船用设备远程运维系统接入要求

引　言

本标准按照 GB/T 1.1—2020《标准化工作导则 第 1 部分:标准化文件的结构和起草规则》的规定起草。

本标准的发布机构不承担识别专利的责任。

本标准由中国造船工程学会标准化学术委员会提出。

本标准由中国造船工程学会归口。

本标准起草单位:武汉船用机械有限责任公司、上海外高桥造船有限公司、武汉理工大学、上海船舶运输科学研究所有限公司、中远海运能源运输股份有限公司。

本标准主要起草人:曾力、李沨、张双喜、李嘉宁、刘芳、高嵩、韩冰、吴忠岱、俞伯正。

本标准为首次发布。

1 范　围

本标准规定了远程运维系统对于船用设备集成接入的技术要求、接入方法和测试要求。

本标准适用于集成接入船用设备远程运维系统的接口设计及实施。

2　规范性引用文件

下列文件中的内容通过文中的规范性引用而构成本标准必不可少的条款。其中，注日期的引用文件，仅该时期对应的版本适用于本标准；不注日期的引用文件，其最新版本（包括所有的修改单）适用于本标准。

T/CSNAME 050—2022 船用设备智能集成与远程运维通则

3　术语和定义

下列术语和定义适用于本标准。

3.1　船用设备 marine equipment

依据《船舶工业标准体系（2012 年版）》，船用设备主要包括锅炉与压力容器、舱室辅机与机舱设备、甲板机械、船舶消防设备、船舶环保设备、船舶通信导航设备、船舶管路附件、液压与气动元件等。

3.2　船用设备远程运维系统 remote operation and maintenance system of marine equipment

实现船岸一体设备运维功能的软硬件系统载体。

3.3　数据接入 data access

指为实现船用设备远程运维系统功能开展的获取设备相关数据的活动。

3.4　设备数据采集 device data collection

指获取设备可监测的状态信息的活动。

3.5　设备数据处理 device data handling

指将设备可监测的状态信息转化为系统分析需要的数据内容的活动。

3.6　边缘层设备数据接入 device data access in edge layer

指直接与设备对象连接后获取设备数据的活动。

3.7　数据采集硬件 hardware for device data collection

为了实现数据采集功能而需要的用于设备物理连接和通信的硬件设备合集。

3.8　数据采集软件 software for device data collection

具备数据采集功能的软件系统。

4　缩　略　语

PLC:可编程逻辑控制器(programmable logic controller)

FPGA:现场可编程门阵列(field programmable gate array)

SCADA:监控与数据采集(supervisory control and data acquisition)

AMS:机舱监测报警系统(alarm monitoring system)

CAN:控制器域网(controller area network)

IEEE:电气与电子工程师协会(institute of electrical and electronics engineers)

RTU:远程终端设备(remote terminal unit)

TCP:传输控制协议(transmission control protocol)

NMEA:国家海洋电子协会(National Marine Electronics Association)

HTTP:超文本传输协议(Hypertext Transfer Protocol)

MQTT:消息队列遥测传输(message queuing telemetry transport)

JSON:JavaScript 对象表示法(JavaScript object notation)

XML:可扩展标记语言(extensible markup language)
VLAN:虚拟局域网(virtual local area network)
PING:分组互联网分组器(packet internet grouper)

5 设备集成接入技术条件

5.1 集成接入设备类别

船用设备远程运维系统可集成接入的设备包括但不限于以下几类:

1.设备部署有传感装置,传感装置具备数字量输出的能力;

2.设备部署有 PLC、FPGA 等具备数据采集能力的硬件采集模块,模块具备接口;

3.设备部署有 SCADA 系统,提供第三方软件接口;

4.设备被 AMS 等第三方集成监控系统集成。

5.2 网络通信的技术要求

船用设备远程运维系统主要通过现场总线、船端以太网、船端光纤网络等通信网络实现对船用设备的物理接入,系统应具备以下通信网络的通信能力:

1.现场总线,支持建立连接船端设备和自动化控制系统的数字式、双向传输、分支结构的通信网络,包括 Profibus、CAN、Modbus 等;

2.船端以太网,支持建立船端设备通信的局域网络,遵循 IEEE 802.3 标准;

3.船端光纤网络,支持建立采用无源光网络技术实现的不受电磁干扰、传输距离远、高安全性通信网络。

5.3 硬件接入要求

1.船用设备远程运维系统应具备专用硬件设备采集、通用硬件设备接入能力。

a)专用硬件采集:具备对船端传感器、变送器等专用感知设备的数据采集能力。

b)通用硬件采集:具备对船端 PLC、RTU、嵌入式系统、IPC 等通用控制设备的数据采集能力。

2.对部署传感装置设备和部署专用硬件采集模块的设备集成接入,应提供传感装置的物理接口协议、通信协议及接口格式。

3.对部署通用硬件采集模块的设备集成接入,应提供模块的物理接口地址、通信协议。

4.船用设备运维系统应支持 TCP、RS485、RS232、CAN 等通用物理接口协议,支持 Profinet、Modbus TCP、Modbus RTU、Modbus ASCII、NMEA、OPC UA、OPC DA 等通信协议。

5.4　软件接入要求

1.船用设备远程运维系统应具备专用软件系统集成接入能力,具备对船端通信导航系统、船舶机舱自动化监控系统等专用智能设备软件系统的数据采集能力。

2.对部署 SCADA 系统和第三方集成监控专用软件系统的集成接入,需提供软件接口协议及接口格式。

3.船用设备运维系统应支持 HTTP、MQTT、Web Socket、Web Service 等常用软件通信接口协议,数据格式支持 JSON、XML 等通用格式。

6　设备集成接入技术要求

6.1　设备集成接入架构

船用设备远程运维系统集成接入架构如图 1 所示,设备集成接入包括数据采集硬件、数据采集软件、采集数据库:

1.数据采集硬件实现物理层面与设备的集成连接;

2.数据采集软件应能解析设备提供的通信协议,并根据指定的通信格式提取采集的实时数据;

3.系统应具备采集数据库,包括实时数据库和历史数据库。

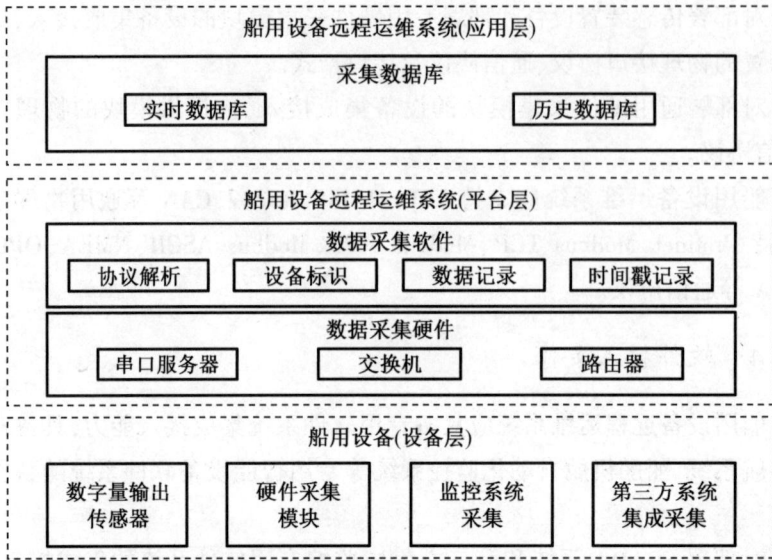

图1　面向远程运维的船用设备集成接入架构图

6.2　设备数据采集要求

1.根据船用设备状态数据的特点进行数据采集策略的制定,应符合以下数据采集要求:

a)对于采集数据是瞬态或者有限时长的,采集点数应足够大以捕获整个数据;

b)对于周期性数据,采集频率应高于最大被观测频率的2倍,对于瞬态数据,采集频率宜高于瞬态一个数量级;

c)对于高频数据,宜在采集边缘端进行数据预处理和特征提取。

2.根据采集对象的差异,可选择稀疏采集和密集采集两种不同的采样间隔,稀疏采集得到的所有数据宜均被存储,密集采集的持续无异常数据可根据需要增量存储或定期删除。

6.3　数据采集硬件连接方法

1.RS485、RS232、CAN等硬线连接协议,通过串口服务器进行集成交互,并实现向TCP协议的转化,经串口服务器转化后接入交换机。

2.Profinet、Modbus TCP、TCP/IP、OPC UA、OPC DA等网线连接协议,通过交换机进行集成交互。

3.对于不同网段的设备集成接入,通过路由器或具备VLAN透传功能的交换机实现集成交互。

4. 数据采集硬件应具备以下通信协议的转化能力：

a) 串口通信协议转以太网通信协议；

b) Profibus 通信协议转以太网通信协议；

c) Modbus 通信协议转以太网通信协议；

d) CAN 通信协议转以太网通信协议。

6.4　数据采集软件功能要求

1. 数据采集软件应基于设备 IP 地址、端口地址和通信协议获取设备传输的信息。

2. 数据采集软件应基于通信协议明确的或设备自定义的接口格式，解析设备传输的信息，并将解析的信息和设备标识关联。

3. 软件解析后的设备运维数据应加上时间戳标识，并存储在数据库内。

6.5　设备数据处理要求

6.5.1　数据预处理

边缘层设备数据接入应具备以下数据预处理功能：

1. 异常数据清除：根据对特定数据设置正常数据取值范围，清除正常数据取值范围外的数据。

2. 离群点数据清除：根据设置的离群点数定义数据规则，剔除离群点数据。

3. 数据标准化处理：根据设定的数据取值范围，将原始数据转化为归一化数据。

4. 指标数据单位转化：根据设定指标转化规则，转化原始数据为新的度量单位的数据。

6.5.2　数据存储要求

边缘层设备数据接入应具备数据缓存能力，宜以时序数据的方式对所采集的数据进行存储。对未成功传输到服务器的数据，至少可保留 30 日。

7　设备集成接入测试要求

1. 集成接入船用设备测试远程运维系统的设备需进行接入测试，包括但不限于以下测试内容：

    a)测试设备物理连接的正确性；

    b)测试设备信息交互的正确性；

    c)测试设备协议解析的正确性；

    d)测试设备采集数据的正确性。

    2.物理连接测试可通过 PING 设备 IP 的方式进行,即通过操作系统自带的命令提示符检测与设备的网络连接情况。

    3.信息交互测试应通过白盒测试的方式进行,即通过在线代码监测软件是否顺利提取设备发送的接口信息。

    4.设备协议解析测试应通过白盒测试的方法进行,即通过在线代码监测协议解析是否正确提取目标的设备运维数据。

    5.采集数据测试宜通过黑盒测试的方法进行,即比对船用设备实际状态和采集的设备运维数据。

参 考 标 准

[1]　T∕CSNAME 050—2022 船用设备智能集成与远程运维通则

船用设备远程运维系统技术规范

引　言

本标准按照 GB/T 1.1—2020《标准化工作导则 第 1 部分:标准化文件的结构和起草规则》的规定起草。

本标准的发布机构不承担识别专利的责任。

本标准由中国造船工程学会标准化学术委员会提出。

本标准由中国造船工程学会归口。

本标准起草单位:武汉船用机械有限责任公司、中远海运能源运输股份有限公司、上海外高桥造船有限公司、上海船舶运输科学研究所有限公司、河南省科学院。

本标准主要起草人:李沨、曾力、张双喜、俞伯正、耿佳东、张学辉、张欢仁、董胜利、张兴龙、宋晓辉。

本标准为首次发布。

1 范　　围

本标准规定了船用设备远程运维系统架构、工作流程、船端子系统功能、岸基子系统功能和船岸通信要求等内容。

本标准适用于船用设备远程运维系统的设计开发与运维管理。

2　规范性引用文件

下列文件中的内容通过文中的规范性引用而构成本标准必不可少的条款。其中,注日期的引用文件,仅该日期对应的版本适用于本标准;不注日期的引用文件,其最新版本(包括所有的修改单)适用于本标准。

GB/T 20921—2007 机器状态监测与诊断

GB/T 26336—2010 工业通信网络 工业环境中的通信网络安装

GB/T 31052.1—2014 起重机械 检查与维护规程

T/CSNAME 050—2022 船用设备智能集成与远程运维通则

T/CSNAME 063—2022 船用设备远程运维数据管理要求

3　术语和定义

GB/T 20921—2007、GB/T 26336—2010、GB/T 31052.1—2014、T/CSNAME 050—2022、TCSNAME 063—2022界定的术语和定义,以及下列术语和定义适用于本标准。

3.1　故障诊断 failure diagnosis

为确定故障的性质(种类、状况、程度和原因)而检验症状和症候群的活动。

注:故障诊断可能得到设备故障根本原因,也可能只确定设备故障问题。

3.2　故障判定 failure determine

通过症状或症候群分析,明确故障的根本原因。

3.3　故障报警 failure alarm

故障诊断所选定的参数或逻辑组合出现异常,系统或设备已发生故障问题,要求采取纠正行动保持或恢复到能执行规定功能和性能要求时通知人员的活动。

3.4　故障预警 failure early warning

故障诊断所选定的参数或逻辑组合出现异常征兆,系统或设备暂未发生故障问题,维持执行规定功能和性能,要求通知人员的活动。

3.5　预防性维护 preventive maintenance

以预先定义的时间间隔或按照规定的标准执行的维护,以降低失效概率或某项功能降级的可能性。

3.6　视情维护 condition based maintenance

根据系统软件对设备故障诊断分析或人工检测分析结果实施的维护。

3.7　远程运维系统数据中心 remote maintenance system data center

接收、存储和分析以远程运维为目标的被监测设备产生的监测数据并与服务中心进行通信的载体。

3.8　远程运维系统服务中心 service center for remote maintenance system

提供设备远程运维系统用户所需的业务功能服务端环境并具备系统的维护管理功能的载体。

3.9　远程运维系统用户终端 user terminal for remote maintenance system

搭载用户所需远程运维系统业务功能的载体。

3.10 船端子系统 marine subsystem

远程运维系统组成部分,部署于船端,具备数据采集、状态监测、故障诊断、运维保障等功能。

3.11 岸基子系统 shore subsystem

远程运维系统组成部分,部署于岸基,通过与船端子系统通信实现远程状态监测、远程专家诊断、远程运维管理等功能。

4 远程运维系统架构

4.1 软件功能架构

船用设备远程运维系统软件功能架构包括船端子系统、岸基子系统两部分,船端子系统与岸基子系统间通过船岸通信链路实现数据交互,系统功能架构如图1所示。

4.2 硬件网络架构

船用设备远程运维系统网络架构如图2所示,包括船端子系统硬件网络、船岸通信链路、岸基子系统硬件网络三部分。

4.3 船岸协同技术要求

1. 船端子系统与岸基子系统应具备船岸协同功能,既满足船舶现场设备运维用户对设备视情运维的需要,又满足岸基船舶管理客户对设备远程运维监管和支持的需要。

2. 船岸一体远程运维系统船岸协同功能应充分考虑实际使用业务场景和系统功能正常使用的需要,设置合理、安全、可靠的船岸数据交互策略。

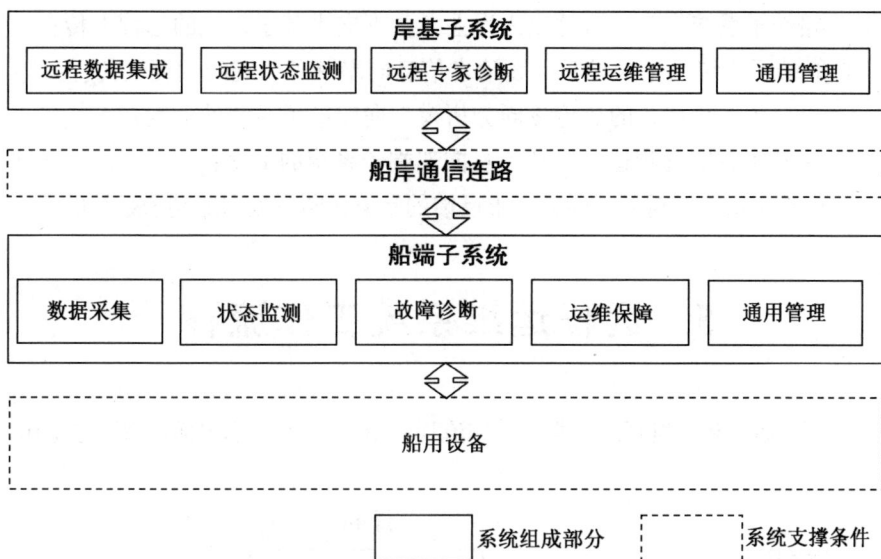

图 1 船用设备远程运维系统功能架构图

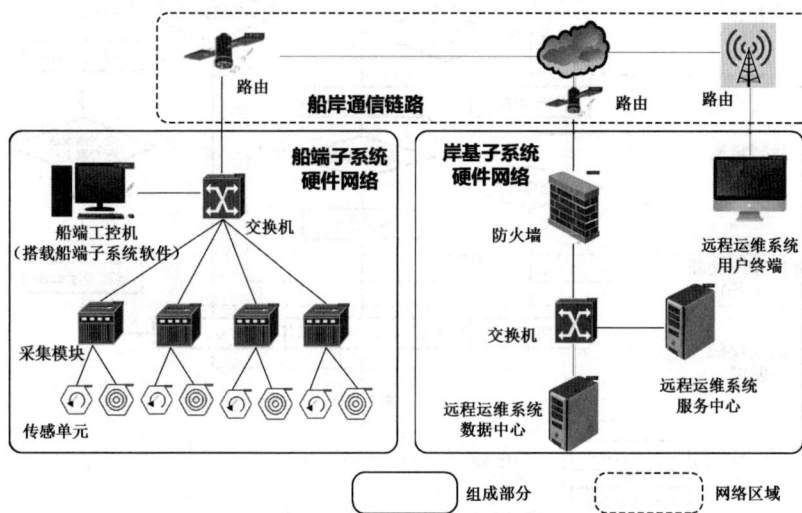

图 2 远程运维系统网络架构图

3.船岸一体远程运维系统船岸协同包括但不限于以下内容:

a)船端子系统采集的设备运行状态信息向岸基子系统的远程上传;

b)船端子系统分析的设备健康情况与故障预警、报警信息向岸基子系统的远程上传;

c)船端子系统收集的故障诊断分析模型准确性评价向岸基子系统的远程上传;

d)船端子系统发生的运维管理业务数据向岸基子系统的远程上传;

e) 船端子系统发生的备件出入库业务数据向岸基子系统的远程上传;

f) 船端子系统发生的异常问题请求信息向岸基子系统的远程上传;

g) 岸基子系统优化的故障诊断分析模型向船端子系统的下发;

h) 岸基子系统远程运维支持信息向船端子系统的下发;

i) 岸基子系统针对异常问题请求反馈的专家诊断意见向船端子系统的下发。

5 远程运维系统工作流程

船用设备远程运维系统的常规工作流程如图3所示,但不包括特殊运维工作。

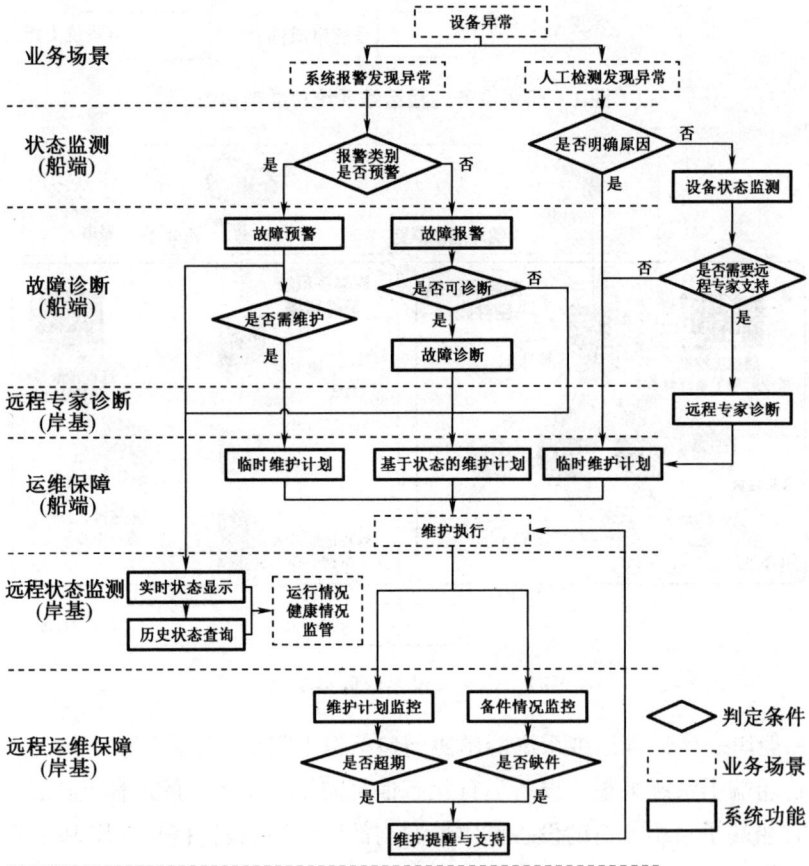

图 3 远程运维系统工作流程图

6 船端子系统功能要求

6.1 船端状态监测

1.系统应具备实时数据显示功能,能够实时显示设备状态数据,显示方式可为文本、图形、列表等多种形式,应将状态数据按类别分区域显示。

2.系统应具备历史数据检索功能,能够检索设备历史状态数据,应支持特定数据的筛选。

6.2 船端故障诊断

1.系统应具备故障预警功能,记录设备信息、点位信息、预警值、预警时间。

2.系统应具备故障报警功能,记录设备信息、故障问题、点位信息、报警值、报警时间、处理建议。

3.系统应具备故障判定功能,记录设备信息、故障码、对应故障报警信息、判定依据、判定时间、维修建议。

4.系统应具备故障诊断评价功能,记录实际故障现象、实际故障原因和实际处理措施。

6.3 船端运维保障

1.系统应具备运维计划管理功能,包含预防性维护计划和视情维护计划,可基于设备故障报警与故障判定结果推送运维计划,可根据故障预警结果新增临时维护计划。

2.系统应具备运维过程管理功能,应对运维计划工作进度、执行人、实际完成情况进行管理。

3.系统应具备电子维护手册管理功能,可对维护手册进行增加、删除、查询、修改,应具备不同角色权限管理功能,部分人员具备增加和删除权限。

4.系统宜具备备品备件管理功能,应记录备品备件清单名目、当前数量、出入库过程信息,应具备最低库存预警功能。

6.4 船端通用管理

1. 系统应具备设备连接配置功能,可配置多个监测终端、采集单元或软件系统。

2. 系统能够对时序数据、结构化数据、非结构化数据进行存储和使用。

3. 系统应具备船岸交互数据在船端的加密、解密、压缩、解压缩处理功能。

4. 系统应具备信息处理系统的通用功能。

7 岸基子系统功能要求

7.1 岸基状态监测

1. 岸基子系统应具备设备状态显示功能,应记录设备基本信息、位置信息、运行状态、故障信息、通信状态。

2. 岸基子系统应具备设备历史状态数据查询功能,并可提供列表、曲线图、折线图等多种展现形式。

3. 岸基子系统应具备故障统计功能,可从故障频率、故障危害性等多维度进行统计分析。

7.2 岸基专家诊断

1. 岸基子系统应具备岸基专家故障诊断功能,应对设备故障问题给出诊断结果和维修建议,反馈船端。

2. 岸基子系统宜具备故障模型管理功能,收集船端反馈的故障诊断评价,优化故障模型并下发船端。

7.3 岸基运维管理

1. 岸基子系统应具备维护过程监控功能,监控对象包括设备运维计划、运维执行情况,系统应支持输出计划完成率、维护任务类别等不同维度的统计报表。

2. 岸基子系统应具备维护支持功能,包括运维提醒和协同支持功能。

a)运维提醒功能应实现设备维护作业任务的提醒和备品备件更换任务的提醒。

b)协同支持功能应实现向船端子系统推送备件供应或设备维修地点、维修人员、联系方式。

8 岸基通用管理

岸基子系统应具备船端子系统接口管理功能,可面向多个船舶集成接入需要实现船端子系统和接入设备的基础信息管理,包括但不限于接入设备的基本信息、网络接口信息、采集点位信息。

1. 系统应具备船岸交互数据在岸基的加密、解密、压缩、解压缩处理功能。

2. 岸基子系统应具备数据管理功能,包括但不限于数据存储管理、数据使用管理、数据维护管理、权限管理、备份与恢复管理等内容,具体数据管理要求按《船用设备远程运维系统技术规范》(T/CSNAME 056—2022)执行。

3. 岸基子系统应具备运维管理功能,包括但不限于运行资源监控、流程监控、数据库管理工具。

9 船岸通信要求

9.1 数据传输要求

1. 在通信能力受限时,船端子系统数据传输优先级依次为:设备故障状态数据、运行状态数据、备件情况、运维情况、故障评价信息。船端子系统数据传输接收优先级依次为:远程专家诊断信息、维护支持信息、优化模型。船岸数据通信内容及交互模式见附录 A。

2. 船岸数据传输过程应采用加密等数据安全传输技术。

9.2 船岸通信方式

1. 船端子系统与岸基子系统的通信方式包括但不限于卫星通信、移动网络、专用网络等,具体通信方式的选择由船舶通信网络配置决定。当船端不具备与岸基通信能力时,也可由系统独立建立通信链路。

2. 船端子系统与岸基子系统的数据交互通信协议应具备在低带宽高延迟不可靠的网络下和资源有限的硬件环境下进行相对可靠的数据传输,应具备出现数据传输中断时的断点续传功能。

3.除系统通信外,船岸通信根据传输内容的需要,宜具备电话、短信和邮件通知的功能。

附录 A 船用设备远程运维系统船岸通信接口(资料性)

A.1 实时状态信息上传接口

面向设备远程状态监测模块对设备综合状态监测、实时状态数据存储的需要,将相应设备状态信息远程传递。

接口模式:周期性推送。

接口路径:船端子系统→岸基子系统。

接口数据字典如表 A.1 所示。

表 A.1 设备实时状态信息接口表

序号	名称	字段	内涵	数据类型	必填项
1	序号	Num	序列号	Int	是
2	设备 ID	ID	用于设备唯一性判定	Char	是
3	运行状态	R-state	监测设备运行状态,包含运行、停机、待机	VarChar(32)	是
4	健康状态	H-state	监测设备运行过程中的健康状态,包含正常和故障	VarChar(32)	是
5	通信状态	C-state	监测设备与辅助决策系统的通信状态	VarChar(32)	是
6	点位编号	TIP Num	监测数据点位的代号,用于实现各监测点位的唯一性	VarChar(32)	是
7	点位名称	TIP name	具体监测点位的名称	VarChar(32)	是
8	数值	value	记录当前时间采集点数值	Float/Bool	是

表 A.1(续)

序号	名称	字段	内涵	数据类型	必填项
9	单位	unit	针对压力、温度、液位等数值记录其对应的单位	Char	是
10	时间	Datatime	记录当前数据发送时间	Datatime	是
11	报警日期	Date	记录报警信息发生日期	Datatime	是
12	报警时间	time	记录报警信息发生时间	Datatime	是
13	报警描述	content	针对报警问题进行简单描述	VarChar(32)	是
14	报警值	Alarm Value	报警时的设备状态数值	VarChar(32)	是
15	报警限值	threshold	系统设定的报警阈值	VarChar(32)	是
16	报警处理状态	state	报警处理情况:未处理、处理中、已处理	VarChar(32)	是

A.2　故障预报警模型下发接口

面向船端子系统中设备故障报警模型优化和更新的需要,利用岸基远程健康管理模块的模型优化子功能进行故障预报警模型优化,并下发船端,提供更准确的、更可靠的预报警提醒。

接口模式:一次性响应。

接口路径:岸基子系统→船端子系统。

接口数据字典如表 A.2 所示。

表 A.2　故障预报警模型接口表

序号	名称	字段	内涵	数据类型	必填项
1	序号	Num	序列号	Int	是
2	设备 ID	ID	用于设备唯一性判定	Char	是
3	设备型号	Type	用于模型校验	VarChar(32)	是
4	船舶编号	MaID	用于模型校验	VarChar(32)	是
5	点位编号	TIP Num	监测数据点位的代号,用于实现各监测点位的唯一性	VarChar(32)	是
6	点位名称	TIP name	具体监测点位的名称	VarChar(32)	是
7	报警阈值	threshold	用于相应监测点的阈值设定	VarChar(32)	是

A.3 故障诊断评价上传接口

面向设备远程模型优化的需要,将船端积累的故障模型评价结果发送至岸基,并通过岸基子系统的模型优化功能,对故障判定、预防性维护建议进行优化。

接口模式:一次性响应。

接口路径:船端子系统→岸基子系统。

接口数据字典如表 A.3 所示。

表 A.3 故障诊断评价接口表

序号	名称	字段	内涵	数据类型	必填项
1	序号	Num	序列号	Int	是
2	设备 ID	ID	用于设备唯一性判定	Char	是
3	故障模式	pattern	设备典型故障问题	VarChar(32)	是
4	判定时间	time	与故障判定时间一致,实现关联	Datatime	是
5	维护类别	classify	维修,周期性维护,就用等维护处理	Char	是
6	维护建议	advise	详细的维护手段建议	VarChar(32)	是
7	正确性评价	accuracy	预留故障诊断评价的结果字段	Char	是
8	实际故障原因	fault	预留故障诊断评价的结果字段	VarChar(32)	是
9	实际维护措施	maintenance	预留故障诊断评价的结果字段	VarChar(32)	是

A.4 优化模型下发接口

面向船端子系统中设备故障综合故障报警模型、故障判定模型、视情维护模型优化和更新的需要,利用岸基远程健康管理模块的模型优化子功能进行模型优化,并下发船端,提供更准确的、更可靠的故障提醒和运维建议。

接口模式:一次性响应。

接口路径:岸基子系统→船端子系统。

接口数据字典如表 A.4 所示。

表 A.4　优化模型下发接口表

序号	名称	字段	内涵	数据类型	必填项
1	序号	Num	序列号	Int	是
2	设备 ID	ID	用于设备唯一性判定	Char	是
3	设备型号	Type	用于模型校验	VarChar(32)	是
4	船舶编号	MaID	用于模型校验	VarChar(32)	是
5	故障报警 id	Num1	综合故障报警模型唯一标识	Int	是
6	故障模式	pattern	设备典型故障问题	VarChar(32)	是
7	故障机理	principle	故障产生的原理	VarChar(32)	是
8	健康判定模型	model	对预警和报警的判定准则	VarChar(128)	是
9	数据项	item	判定所需的数据条件	Char	是
10	危害度等级	harm	Ⅰ类、Ⅱ类、Ⅲ类	Char	是
11	故障判定 id	Num2	故障判定模型唯一标识	Int	是
12	故障部套	modular	分机械故障、电气故障等	Char	是
13	故障名	name	故障名称	Int	是
14	故障原因	cause	故障问题说明	VarChar(32)	是
15	故障模型	F-model	故障判定条件	VarChar(32)	是
16	数据项	data	故障判定的数据支撑	Int	是
17	关联健康模型	H-model	故障判定内容和健康模型的关联,实现故障报警/预警下的故障判定	VarChar(32)	是
18	视情维护编号	Num	视情维护方案编号	Int	是
19	视情维护名称	m-name	视情维护名称	Char	是
20	设备名称	e-name	所维护设备名称	Char	是
21	故障内容	f-part	设备故障模式说明	Char	是
22	维修内容	content	视情维护的主要内容	VarChar(32)	是
23	手册 ID	Mbook-id	电子运维手册对应的 id 号	Char	是
24	维护开始时间	s-time	开始进行维护的时间	Datatime	是
25	维护结束时间	e-time	完成视情维护的时间	Datatime	是
26	维护类别	m-classify	进行哪种视情维护	Char	是
27	维修负责人	m-staff	负责维修的具体人员	Char	是
28	维修资源	m-resources	使用何种工具、备件等	VarChar(32)	是
29	维护频次	frequency	此种维护的数量	Int	是

A.5 故障诊断结果上传接口

面向远程运维系统对于设备异常和故障问题实时展现的需要,将设备实时故障报警情况及处理变化情况传递岸基,采用增量传递的方式,减小带宽压力。

接口模式:一次性响应。

接口路径:船端子系统→岸基子系统。

接口数据字典如表 A.5 所示。

表 A.5 故障诊断结果上传接口表

序号	名称	字段	内涵	数据类型	必填项
1	序号	Num	序列号	Int	是
2	设备 ID	ID	用于设备唯一性判定	Char	是
3	设备型号	Type	用于模型校验	VarChar(32)	是
4	船舶编号	MaID	用于模型校验	VarChar(32)	是
5	故障模式	pattern	设备典型故障问题	VarChar(32)	是
6	数据采集项	source	评价故障问题的数据源	Int	是
7	引用模型	stretch	评价故障引用的综合报警模型	VarChar(32)	是
8	判定时间	time	发送故障的时间	Datatime	是
9	危害度等级	harm	Ⅰ类、Ⅱ类、Ⅲ类	Char	是
10	预警/报警	alarm	故障预警或者报警,区别:是否弹框提醒	Char	是
11	故障判定	Judge	对于能关联的故障判定结果,给出明确故障问题	VarChar(32)	是
12	处理情况	Judge	故障问题是否处理	Char	是
13	故障部套	Modular2	分机械故障、电气故障等模块进行故障,便于建立故障的结构树	Char	是
14	故障名	Name2	故障名称	Int	是
15	故障原因	Cause2	故障问题说明	VarChar(32)	是
16	故障模型	F-model2	故障判定条件	VarChar(32)	是
17	故障时间	Time2	故障判定时间	Datatime	是

表 A.5(续)

序号	名称	字段	内涵	数据类型	必填项
18	数据采集项	Source2	故障判定的数据源	Int	是
19	关联健康模型	H-model2	故障判定内容和健康模型的关联,实现故障报警/预警下的故障判定	VarChar(32)	是
20	处理情况	Judge2	故障问题是否处理	Char	是

A.6　运维计划完成情况上传接口

面向设备远程运维管理,需将船端运维计划及相关完成情况进行远程传递,从而实现远程运维计划监控和不同船舶维护效率统计。

接口模式:周期性推送。

接口路径:船端子系统→岸基子系统。

接口数据字典如表 A.6 所示。

表 A.6　运维计划完成情况接口表

序号	名称	字段	内涵	数据类型	必填项
1	序号	Num	序列号	Int	是
2	设备 ID	ID	用于设备唯一性判定	Char	是
3	船舶编号	MaID	用于船舶唯一性判定	Char	是
4	计划编号	Num	维护计划编号	VarChar(32)	是
5	序号	Num	工作内容序号	Char	是
6	计划类型	Type	临时计划、周计划、月计划	Char	是
7	计划类别	Class	故障报警、故障判定、手工	Char	是
8	工作内容	Job	维护工作的具体内容	VarChar(64)	是
9	维护手册 id	Mbook-id	电子运维手册对应的 id 号	Char	是
10	计划开始时间	planned start time	计划开始时间	Datatime	是

表 A.6(续)

序号	名称	字段	内涵	数据类型	必填项
11	计划完成时间	Planned completion time	计划完成时间	Datatime	是
12	发起人	promoter	发起人	Char	是
13	责任人	responsible	责任人	Char	是
14	审核人	checker	审核人	Char	是
15	批准人	certifier	批准人	Char	是
16	实际开始时间	real start time	实际开始时间	Datatime	是
17	实际完成时间	real completion time	实际完成时间	Datatime	是

A.7 备件使用情况上传接口

面向设备远程运维管理,需将船端备件使用情况进行远程传递,从而实现远程备件预警提醒。

接口模式:周期性推送。

接口路径:船端子系统→岸基子系统。

接口数据字典如表 A.7 所示。

表 A.7 备件使用情况接口表

序号	名称	字段	内涵	数据类型	必填项
1	序号	Num	序列号	Int	是
2	设备 ID	ID	用于设备唯一性判定	Char	是
3	设备型号	Type	用于模型校验	VarChar(32)	是
4	船舶编号	MaID	用于模型校验	VarChar(32)	是
5	备件编码	code	备品备件编码	Char	是
6	备件名称	name	备品备件名称	Char	是
7	规格型号	model	备品备件规格型号	Char	是
8	备件类型	type	备品备件类型	Char	是
9	数量	quantity	备品备件的数量	Int	是

A.8　维护支持下发接口

面向岸基子系统运维提醒和协同支持功能实现的需要,将指定设备维护工作提醒和协同支持信息传递船端,采用增量传递的方式,减小带宽压力。

接口模式:一次性响应。

接口路径:岸基子系统→船端子系统。

接口数据字典如表 A.8 所示。

表 A.8　维护支持接口表

序号	名称	字段	内涵	数据类型	必填项
1	序号	Num	序列号	Int	是
2	设备 ID	ID	用于设备唯一性判定	Char	是
3	设备型号	Type	用于模型校验	VarChar(32)	是
4	船舶编号	MaID	用于模型校验	VarChar(32)	是
5	计划编号	Num	维护计划编号	VarChar(32)	是
6	工作地点	location	岸基维护地点	VarChar(32)	否
7	联系人	contact	岸基运维联系人员	VarChar(32)	否
8	联系人工号	contactID	岸基运维联系人员编号	Int	否
9	联系方式	phonenum	岸基运维联系人员联系方式	VarChar(32)	否

A.9　异常问题请求接口

船端人员将无法解决的异常问题发送至远程专家诊断模块,进行专家会诊。

接口模式:一次性响应。

接口路径:船端子系统→岸基子系统。

接口数据字典如表 A.9 所示。

表 A.9　异常问题请求接口表结构

序号	名称	字段	内涵	数据类型	必填项
1	序号	Num	序列号	Int	是
2	设备 ID	ID	用于设备信息登记	Char	是
3	请求单号	title	请求单号	VarChar(32)	是

表 A.9(续)

序号	名称	字段	内涵	数据类型	必填项
4	船舶编号	MaID	用于全船设备管理	VarChar(32)	是
5	异常描述	topic	当前异常问题的说明	VarChar(128)	是
6	异常时间	s-time	异常发起时间	Datatime	是
7	相关测点名称	name	具体监测点位的名称,便于开发人员对监测点的准确识别	VarChar(32)	是
8	数值	value	主要包含模拟量和开关量;模拟量以采集的实时数值进行记录和存储;开关量则以采集的"0"和"1"进行记录和存储	float	是
9	单位	unit	针对每一个数值记录其对应的压力、温度、高度等单位,便于开发人员进行数据的应用	VarChar(32)	是

A.10 远程专家意见反馈接口

岸基子系统在接收到请求后,由系统管理员根据故障类型,组织相关专家进行诊断或会诊,专家通过查看历史数据,咨询设备现场状态等方式,做出故障原因的诊断及维修建议。

接口模式:一次性响应。

接口路径:岸基子系统→船端子系统。

接口数据字典如表 A.10 所示。

表 A.10 专家意见反馈接口表表结构

序号	名称	字段	内涵	数据类型	必填项
1	序号	Num	序列号	Int	是
2	设备 ID	ID	用于设备信息登记	Char	是
3	船舶编号	MaID	用于模型校验	VarChar(32)	是
4	故障模式	pattern	设备典型故障问题	VarChar(32)	是
5	数据采集项	source	评价故障问题的数据源	Int	是

表 A. 10(续)

序号	名称	字段	内涵	数据类型	必填项
6	引用模型	stretch	评价故障引用的综合报警模型	VarChar(32)	是
7	判定时间	time	发送故障的时间	Datatime	是
8	故障类别	classify	A 类、B 类、C 类	Char	是
9	危害度等级	harm	Ⅰ类、Ⅱ类、Ⅲ类	Char	是
10	预警/报警	alarm	故障预警或者报警,区别:是否弹框提醒	Char	是
11	故障判定	judge	对于能关联的故障判定结果,明确给出故障问题	VarChar(32)	是
12	维修建议	advise	详细的维护手段建议	VarChar(32)	是

参 考 标 准

[1] GB/T 20921—2007 机器状态监测与诊断

[2] GB/T 26336—2010 工业通信网络 工业环境中的通信网络安装

[3] GB/T 31052.1—2014 起重机械 检查与维护规程

[4] T/CSNAME 050—2022 船用设备智能集成与远程运维通则

[5] T/CSNAME 063—2022 船用设备远程运维数据管理要求

标准（团体）八

船用设备智能集成与远程运维系统
第1部分：状态监测

引　　言

本标准按照 GB/T 1.1—2020《标准化工作导则 第 1 部分:标准化文件的结构和起草规则》的规定起草。

本标准的发布机构不承担识别这些专利的责任。

本标准由中国造船工程学会标准化学术委员会提出。

本标准由中国造船工程学会归口。

本标准起草单位:武汉理工大学、郑州大学、上海船舶运输科学研究所有限公司、中远海运能源运输股份有限公司、上海外高桥造船有限公司。

本标准主要起草人:王献忠、张瑞、李和林、张兴龙、俞伯正、范爱龙、卢明剑、赵涵丞、李果、储兰芳。

本标准为首次发布。

1 范　　围

　　《船用设备智能集成与远程运维系统》用于构建船用设备智能运维系统,从运维的信息来源、状态评估、维护策略到高层级的数字孪生运维,按系统功能层次分为4个子系统:状态监测、健康管理、视情维护、虚拟运维。

　　本标准为《船用设备智能集成与远程运维系统》的第1部分,规定了船用设备状态监测的总体要求,包括数据采集、数据处理、信息输出与显示等。

　　本标准用以指导船用设备智能运维系统中状态监测子系统的设计开发。

2　规范性引用文件

　　下列文件中的内容通过文中的规范性引用而构成本标准必不可少的条款。其中,注日期的引用文件,仅该日期对应的版本适用于本标准;不注日期的引用文件,其最新版本(包括所有的修改单)适用于本标准。

　　GB/T 37393—2019 数字化车间通用技术要求

　　ISO 2041 机械振动、冲击与状态监测 词汇(Mechanical vibration,shock and condition monitoring-Vocabulary)

　　ISO 13372 机器状态监测与诊断 词汇(Condition monitoring and diagnostics of machines-Vocabulary)

　　ISO 13379-1 机器状态监测与诊断 数据判读和诊断技术 第1部分:总则(Condition monitoring and diagnostics of machines-Data interpretation and diagnostics techniques-Part 1: General guidelines)

　　ISO 13381-1 机器状态监测与诊断 预测 第1部分:一般指南(Condition monitoring and diagnostics of machines-Prognostics Part 1: General guidelines)

　　ISO 13373-1 条件监测和机械诊断 振动条件监测 第1部分:一般程序(Condition monitoring and diagnostics of machines-Vibration condition monitoring Part 1: General procedures (First edition))

　　ISO 10816 机械振动——在非旋转部件上测量和评价机器的机械振动(Mechanical vibration-Evaluation of machine vibration by measurements on non-rotating parts)

ISO 7919 机械振动——在旋转轴上测量评价机器的振动（Mechanical vibration-Evaluation of machine vibration by measurements on rotating shafts）

ISO 14830-1 机器系统的状态监视和诊断 基于摩擦学的监视和诊断 第1部分：一般要求和指南（Condition monitoring and diagnostics of machine systems-Tribologybased monitoring and diagnostics-Part 1：General requirements and guidelines（First edition））

GB/T 37942—2019 生产过程质量控制设备状态监测

GB T 22393—2015 机器状态监测与诊断 一般指南

T/CSNAME 056—2022 船用设备远程运维系统技术规范

T/CSNAME 063—2022 船用设备远程运维数据管理要求

3 术语和定义

GB/T 37393—2019 界定的以及下列术语和定义适用于本标准。

3.1 聚合 aggregation

对复杂设备或系统状态和趋势监测数据进行选取、加权、分析、判别、归类，从而获得设备或系统状态结果数据的转化过程。

3.2 基线数据 baseline data

在各种工况的正常运行状态下，设备特征值允许比较计算或测量的基准值。

3.3 数据采集 data acquisition

通过传感器或系统检测与收集反映设备状态信息的过程。

3.4 数据预处理 data preprocessing

数据预处理是对数据采集获得的信息进行预处理、特征分析，从而获得表征设备状态特征的数据。主要处理方法包括数据清洗、数据集成、数据变换等。

3.5 状态监测 condition monitoring

状态监测是在设备运行中，对特定的特征信号进行检测、变换、记录、分析处理并显示与记录的一系列操作与过程,是设备运维的基础。

3.6 维修 repair

设备技术状态劣化或发生故障后,为恢复其功能而进行的技术活动,包括各类计划内维修和计划外故障维修及事故处理。

3.7 阈值 threshold

设备特征值的参考临界值。

3.8 设备综合效率 overall equipment effectiveness,OEE

设备综合效率主要用来衡量设备的实际生产能力与理论生产能力的比率。通过这个指标可以清晰地看出设备的使用效率。

3.9 平均的故障间隔时间 mean time between failure,MTBF

平均的故障间隔时间是指整个设备运行过程中发生故障的平均的时间,包括运行时间、故障时间和维修的时间。

3.10 平均修复时间 mean time to repair,MTTR

平均修复时间反映的是设备维护保养的平均的时间,包括故障时间和维修时间。

4 总 体 要 求

4.1 状态监测系统结构

设备状态监测系统结构主要包括状态监测数据采集、状态监测数据预处理和信息输出与显示三部分。设备状态监测系统结构如图1所示。

状态监测数据采集,主要来源于设备或系统、传感器和状态监视模块。设备或系统数据主要提供设备或系统的基础、运行、统计、管理等信息;传感器主要用来采集设备及相关联环境的状态与过程信息,传感器可为设备内部传感器,也可为依据用户需求加装的外部传感器;状态监视模块主要提供船体或系统状态情况,如舵角指示器、风速风向仪等。

状态监测数据预处理包含数据预处理,阈值识别、聚合判别与决策支持。数据预处理是对数据采集获得的信息进行预处理、特征分析,从而获得表征设备状态特征的数据。阈值识别、聚合判别与决策支持是对设备状态表征数据进行处理,从而获得设备状态判别结果。

信息输出与显示是将设备状态判别结果输出至设备显示模块,或输出至相关管理、控制、运维、操作等系统。

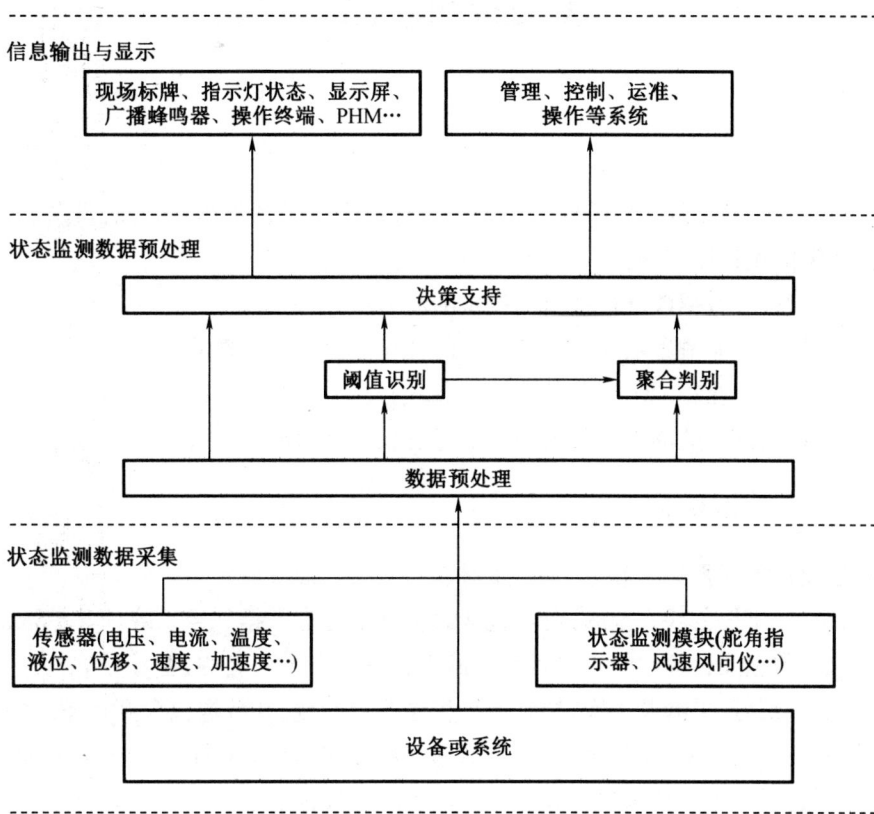

图1　设备状态监测系统结构图

4.2　状态监测基本要求

状态监测应满足下列要求:

1. 在线监测:在被测设备处于运行或待机状态条件下,对设备状况进行自动监测,对无条件或不宜在线监测的设备状态数据不做要求;

2. 数字化:设备状态监测信息应能够转成数字信息;

3. 数据一致性:设备状态监测系统由若干设备状态监测单元组成,其数据相互传输与格式均应遵循相同通信协议与规约;

4. 可靠性:设备状态监测系统应具备在规定的条件下和规定的时间内完成规定功能的能力。常用可靠度、平均的故障间隔时间(MTBF)、平均修复时间(MTTR)、可用度、有效寿命等指标衡量。

5 状态监测数据采集

5.1 数据选择原则

设备状态是依据若干反映设备状态特征的数据进行预测与判断,设备状态监测数据的选择原则为:

1. 关联性:数据能表征被监测设备的能力;

2. 灵敏性:监测参数随着设备状态的变化应比其他参数的变化更明显;

3. 稳定性:在相同测试条件下,所测得的监测参数值具有良好的重复性;

4. 可解释性:监测参数具备一定物理意义,能用数字表示,可以量化。

5.2 数据分类

按设备数据采集来源分类,需要对以下数据进行采集:

1. 来源于设备或系统的数据:包含设备基本静态数据和经系统计算获取的动态统计数据及管理数据。设备基本静态数据包含设备名称、型号、规格、生产厂家、资产编号、采购及入库时间、运行程序等;动态统计数据包含开机率、主轴运转率、主轴负载率,设备运行率、故障率、设备综合效率(OEE)、全生命周期履历统计数据等;管理数据包含设备开关机、故障报警记录等。

2. 来源于传感器的数据:按形式可分为模拟量、数字量;按性质可分为静态量、动态量;按被测物理量可分为电压、电流、位置(行程)、温度、压力、液位、振动等。

3. 来源于状态监视装备:提供船体或系统状态情况,如舵角指示器、风速风向仪等。

5.3 数据采集方法

数据的采集方法有人工输入采集和自动采集两种。人工输入采集数据量有限,速度慢,可对采集数据进行人工筛选与处理;自动采集数据量大,速度高,可连续甚至实时监测,按指定方法自动筛选与处理。为提高设备状态监测系统在线监测水平,对设备状态数据应尽可能采取自动采集方式。对于无连续监测要求或自动采集困难的设备状态数据采取人工输入。

5.4　监测采集期间的运行工况

一般情况,在设备已经达到预定的运行工况(如正常的运行温度)时,或者瞬态达到预定的开始、结束工况和运行状态(例如滑停)时,进行监测。

不同参数的测量宜尽可能在同一时刻或相同运行工况下进行。

5.5　数据采集间隔

无论要求连续采样或是周期采样,都应当考虑测量的时间间隔。测量间隔主要取决于故障类型及其发展速率以及相关参数的变化率。监测到故障到实际失效经过的时间被称为失效前置时间(LTTF),对某些特定故障症候群,这一时间是必须监测的。

然而,测量间隔也受设备运行工况(如负荷循环)、成本和危害度等因素的影响。在初始的成本效益分析或危害度分析中应包括这些因素。

5.6　数据采集速率

对稳态工况,数据采集速率应能在工况改变前捕捉到完整的数据集。对于瞬态工况,必须采用高速对数据进行采集。

5.7　采集数据的记录

采集数据的记录至少应包括下列信息:

1.描述机器的基本数据;

2.描述运行工况的基本数据;

3.测量位置;

4.测量参数的单位和处理方法;

5.日期和时间信息。

6 状态监测数据处理

6.1 数据预处理

设备状态监测系统数据预处理流程与步骤如图2所示。

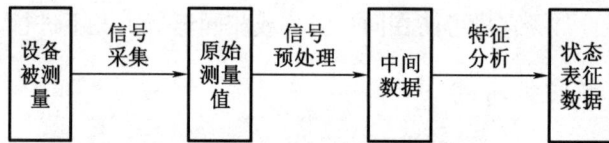

```
┌──────┐  信号   ┌──────┐  信号    ┌──────┐  特征   ┌──────┐
│ 设备 │  采集   │ 原始 │  预处理  │ 中间 │  分析   │ 状态 │
│ 被测 │ ──────▶ │ 测量 │ ──────▶ │ 数据 │ ──────▶ │ 表征 │
│ 量   │         │ 值   │          │      │         │ 数据 │
└──────┘         └──────┘          └──────┘         └──────┘
```

图2 数据预处理流程与步骤示意图

1. 设备被测量:能经传感器、数据采集器、被测设备或系统采集,并与设备状态特征值产生确定映射且可溯源的数据;

2. 原始测量值:设备状态及过程被测量经传感器信号采集未经处理的数据;

3. 中间数据:通过传感器、设备或系统在运行中获取的动态或趋势数据,经调理或计算后,去除外部干扰或无效信号的数据;

4. 状态表征数据:中间数据经特征提取后能表征设备状态特征的数据。

当设备被测量为静态量(比如温度、液位等)时,需依据信号与干扰情况,进行线性化或非线性化处理,以及滤波处理。常见的滤波处理有限幅滤波、限速滤波、中值滤波、平均算术滤波、加权平均算术滤波、防脉冲干扰平均值滤波、一阶滞后滤波等。信号预处理与特征分析不是必需的;当设备被测量为动态量(比如振动、应力、应变等)时,可依据需求进行幅值域分析,时域分析与频谱分析等。

6.2 状态判别方法

6.2.1 基线数据

基线数据是当已知设备运行于可接受的并稳定的运行状态时所测量或观察到的数据或数据组。可将后续的测量值与这些基线值对比以监测其变化。基线数据应准确地反映机器的初始稳定工况,最好在它的正常运行状态下运行。对于有多种运行状态的机器,需要对每种状态建立基线。基线包含的参数和测点,也可能比例行的状态监测用到的多。

对于新的和大修的设备,会有磨合期。通常会看到在运行的前几天或几周内测量值的变化。

6.2.2　初始的预警/报警准则

为尽早指示故障的发生,宜设立初始的预警/报警准则。报警可以是单值的或多级的。可以对几次测量结果进行处理得到预警/报警准则,或将其设定成动态信号的界限。

预警/报警准则应随时间迭代优化。

关于振动状态监测,预警/报警准则的信息包含在 ISO 13373-1(列在表D.1)、ISO 10816(所有部分)和 ISO 7919(所有部分)中。

基于摩擦学的状态监测,预警/报警准则的信息包含在 ISO 14830-1 中。

6.2.3　阈值判别

基线数据可以设定为固定值,或者随着设备运行而改变的动态目标值,这取决于被监测的变量。阈值应采取绝对值或相对于基线数据(如果存在)的偏差形式。阈值绝对值为没有任何参考值情况下的有效固定极限;阈值偏差值为与基线数据的绝对或相对偏差极限。

阈值的使用方式如图3所示。M 为被监测设备特征值变化曲线,R 为正常运行的基线数据,thA 为上限阈值,thB 为下限阈值,δ 为阈值 thA、thB 相对于基线数据 R 的偏差值,该值可为绝对值或百分比值。其中,图3(a)的阈值 thA、thB 为没有基线数据的绝对值,是常数;图3(b)的阈值 thA、thB 为相对于固定基线数据 R 的偏差值;图3(c)的阈值 thA、thB 为相对于动态变化的基线数据 R 的偏差值。

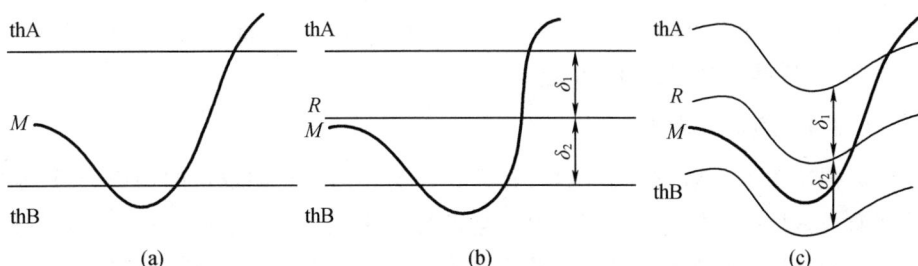

图3　阈值的各种使用方式

当设备特征值变化在设定的阈值或阈值函数范围之内,设备正常运行;当设备特征值超出设备阈值或阈值函数值,设备运行异常,其状态判别方法即为阈值判别法,其功能块模型描述参见附录 A,该模型主要包含输入、数据处理、状态判别及状态输出。阈值判别法用于设备状态特征值有明确限值范围,且设备状态特征值与设备状态之间有明确映射关系的场合。

6.2.4　聚合判别

从系统监测角度来看,状态监测系统层级分为基本单元、子系统、设备、运行系统四层,处在系统中每个层级的结构元素都应具有唯一标识。

基本单元是构成状态监测系统的最小单元,基本单元的状态判别方法一般为阈值判别法,根据设定的阈值或阈值函数辨识其状态。当一个系统或设备由多个基本单元、子系统描述状态时,即出现多个状态监测报告时,应当执行聚合。聚合过程参见附录 B。

层级在基本单元以上的子系统、设备、运行系统的状态监测判别方法一般为聚合判别。

6.3　决策支持

状态监测决策支持,是在辨识基于设备及过程的状态特性改变量的基础上,根据事先定义的决策支持模型和算法,对设备的基本状态做出初步判断,并将结果传送给相应系统,作为故障预防与诊断的基础。

状态监测决策支持主要包含以下内容:

1. 简易诊断:一般通过测定设备某些较为单一的特征参数(如振动、温度、压力等)来检查设备状态,并根据特征参数值与阈值之间的关系来确定设备的运行状态。

2. 趋势分析:对设备进行定期或连续的状态监测,便可获得有关设备状态变化的趋势规律,据此可预测和预报设备的将来状态。

决策支持结论可反映设备的可用性及预期趋势。设备制造商可依据自身技术标准自行创建决策支持功能。

6.3.1　趋势分析法

数据采集的一般程序是测量,并把它们与相同或相似设备的历史趋势、基线或有代表性的数据进行比较。状态监测数据采集一般是在线进行,也可以按照预定的巡检路线离线进行。对许多状态监测技术,基于计算机的系统可用于管理数据采集和数据收集路径、记录测量结果和进行趋势分析。

6.3.2　基线比较法

如果测量值与预警/报警准则对比是可以接受的,则记录数据并继续监测,不需要采取措施。如果测量值与预警/报警准则对比是不可以接受的,则启动诊断过程。通过诊断,也有可能出现没有发现可疑或没有监测到异常的情况,此时,诊断与预报仍要继续进行。对于已经超出了监测程序范畴的异常情况,应对监测程序进行完善与补充。

6.3.3　诊断报告

诊断过程一般是从监测到异常开始的。这种监测是通过比较相同或相似设备的历史趋势、基线或有代表性的数据,或者由经验、制造商的技术参数、调试试验或统计数据分析来进行的。

7　信息输出与显示

7.1　输出内容

7.1.1　设备基本数据

用于记录设备名称、型号、规格、制造商、软硬件版本、额定运行数据等信息,以上数据是必需的。设备制造商可依据自身技术标准或用户需求自定义设备基本数据。

7.1.2　设备运行数据

在运行或待机状态下采集反映设备状态特征的信息,执行处理算法,其结果从设备输出以便于使用或进一步处理。

7.1.3　设备状态

通过特定的设备状态信息采集,结合判别决策生成设备状态,用于记录当前设备缺陷/故障、严重情况、警告、良好、正常、无状况报告等状态。

7.1.4　设备状态字

状态字是设备状态简要表达形式,可用于指示设备相关参数是否有效,并在必要时包含固定长度的编号。编号可以表达设备参数有效、无效以及设备缺陷或故障的索引号等。例如:如果设备在正常参数范围内工作,则状态字标记为有效;如果缺少输入值或参数值无效,则状态字标记为不确定,设备状态输出不能使用。

设备制造商可依据自身技术标准自定义状态字。

7.1.5 时间戳

对于设备状态在线测量,状态信息往往伴随时间的变化,提供一定范围内的历史数据,给设备状态判别与决策支持。对于跨多个设备状态监测的时间戳和时间同步应采用合适的机制,应考虑第三方(如现场总线组织)的规格。

时间戳在一定条件下可以省略。

7.2 信息显示

设备(或系统)信息显示常用方式如下:

1. 现场标牌:用于现场直观显示设备的状态;指示灯状态:可用绿、黄、红色等指示灯显示和警示当前设备正常、警告、缺陷(故障)等状态;

2. 显示屏:用于显示当前设备运行参数、通信参数、故障代码或故障信息等内容;

3. 广播/蜂鸣器:通过独特的音乐、音调或声音区分不同的设备状态,如用声音提示设备故障、生产线的启动或停止等;

4. 操作终端:用于显示当前设备运行状态、参数变化曲线、故障信息等内容,如工位终端、移位终端等;

5. 维护系统:用于记录设备基本数据、运行数据、状态及状态字等内容,便于在管理系统中实现设备台账管理、使用统计、维护保养、故障维修等功能。

8 状态监测程序

图4描述了状态监测方案执行时可能用到的一般程序,并提供了应遵循的关键步骤细节。状态监测的各项活动应着重于识别和避免根原因失效模式。

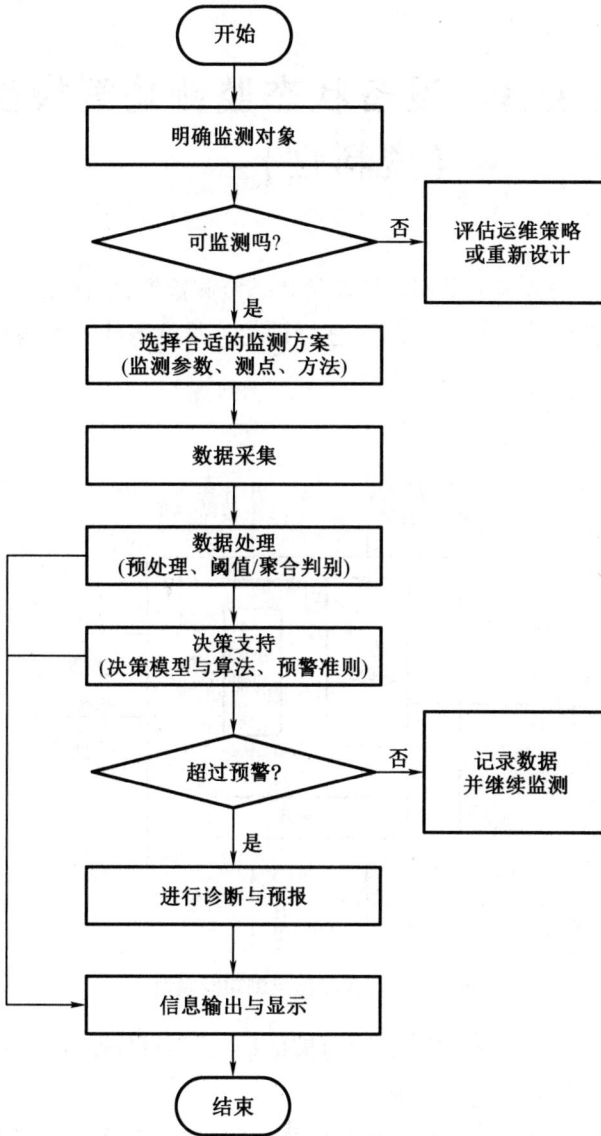

图 4　状态监测流程图

附录 A　设备状态监测功能模型
(资料性)

为了以统一的方式记录和处理设备状态监测数据,应使用功能块的建模概念对设备状态监测统一接口和功能进行描述。其设备状态监测功能块模型如图 A.1 所示。

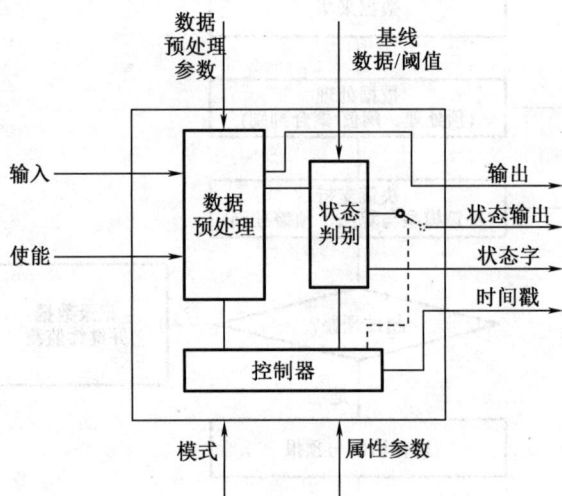

图 A.1　设备状态监测功能模型图

1.输入端:设备被测量输入端,由模拟量、数字量等组成,它们是功能块中的数据处理和后续状态计算的基础。

2.使能端:控制设备状态监测开启与关闭,该端允许从外部控制功能块的测量。当使能信号设置为 1 时,激活测量;当使能信号设置为 0 时,禁用测量。如果禁用测量,则输出状态保持不变。

3.数据预处理:对设备的被测量按一定方法进行数据的采集、存储、检索、加工、变换和传输,使之成为反映设备状态特征的数据。设备制造商或设备状态监测系统供应商也可自行提供数据与处理方法。

4.状态判别:依据设备状态特征按一定监测方法进行判别输出设备状态。

5.数据预处理参数:数据预处理时所使用设备的相关参数值,该值可以是固定的,也可以随设备状态变化而变化,该输入端为可选项。

6.基线数据/阈值:基线数据为设备在各种过程中正常状态下设备特征值的基准值。阈值为设备特征值参考范围的限值。阈值应采取绝对值或相对于参考值(如果存在)的相对偏差的形式。阈值应表示为百分比或绝对值。百分比相对于参考值表示。绝对值应被评估为与参考值的偏差或作为在没有任何参考值的情况下有效的固定极限。所选择的变量取决于要监测的条件变量。

7.模式:设备状态监测模式应采用以下定义的固定值集合中的一个。

a)自动:该设备接收输入值,计算输出值,并在此基础上确定设备状态和状态字。

b)停止服务(钝化):采集模块不执行任何计算。输入值被忽略,不生成输出值,并且设备状态无输出,此时设备参数可以更改。

c)手动:忽略设备的任何输出值、设备状态和状态字。输出值、设备状态和状态字由外部写入("强制"),例如用于测试后续处理。

d)模拟:忽略输入值,基于外部生成的模拟值执行数据处理。模拟值可以在外部指定为模拟输入或附加参数。生成设备状态和状态字,例如测试设备和后续处理。

e)无状态计算:内部计算并处理输出值,但不生成状态。设备状态无输出。

f)示教:在调试或模拟处理步骤中将模拟输入值输入过程。该示教过程的结果允许生成参考值和/或阈值。设备状态无输出。

g)复位:复位设备运行期间生成的设备属性,特别是中间值、示教参考值和阈值。设备状态无输出。另外,也可执行制造商特定的部分复位。

制造商可以为其设备定义特定模式:

a)属性参数:设备状态相关的基本属性(类属性)与特定属性。比如设备名称、型号、规格等设备基本信息。

b)输出:用于向上一层监测或管理系统提供输入的数据。

c)状态输出:设备状态信息输出,其内容包含缺陷/故障、严重情况、警告、良好、无输出等。

d)状态字:状态字指示设备的值是否有效、无效,可测量或有故障,并在必要时包含固定长度的编号,作为状态或故障的索引。

e)时间戳:时间戳通常是一个字符序列,唯一标识某一刻的时间,用于指示设备状态数据的时间序列。

附录 B 聚合判别过程
(资料性)

以图 B.1 所示主轴子系统 1.1.1 状态聚合判别为例。监测主轴子系统 1.1.1 中的轴承单元 1.1.1.2 的工作状态,根据设定的监测对象,通过相应的振动、温度等传感器采集轴承在运行过程时的振幅、频率、温度等信号,在数据处理时结合阈值或阈值函数辨识,经聚合模型功能分析,可得到轴承单元 1.1.1.2 状态。

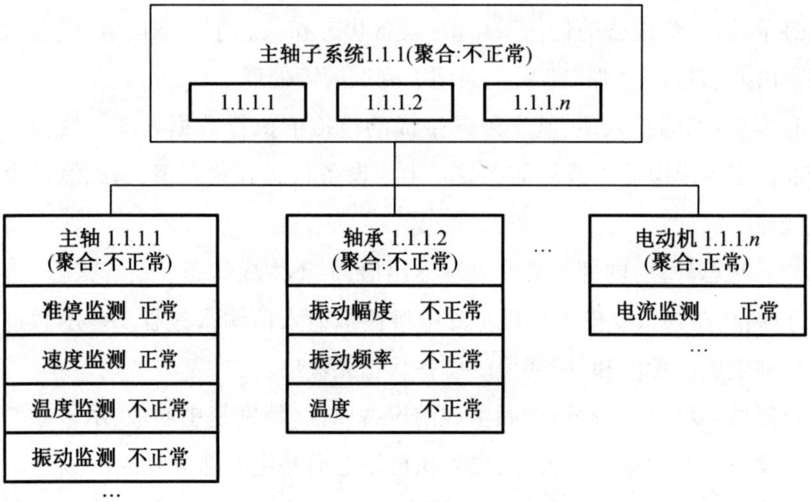

图 B.1 主轴子系统的状态聚合判别图

聚合可以针对各基本单元在同一个层级上执行聚合,也可在更高层级上执行聚合后再组合成单个聚合。例如以图 B.1 所示主轴子系统 1.1.1 为例,对其主轴 1.1.1.1,轴承 1.1.1.2 和电动机 1.1.1.n 等进行监测,分别得到不同的基本单元状态数据,经逐级聚合后,可得到子系统"主轴系统"的状态输出,"正常"或"不正常"。

参 考 标 准

[1]　GB/T 37393—2019 数字化车间通用技术要求

[2]　ISO 2041 机械振动、冲击与状态监测 词汇（Mechanical vibration,shock and condition monitoring-Vocabulary）

[3]　ISO 13372 机器状态监测与诊断 词汇（Condition monitoring and diagnostics of machines-Vocabulary）

[4]　ISO 13379-1 机器状态监测与诊断 数据判读和诊断技术 第 1 部分:总则（Condition monitoring and diagnostics of machines-Data interpretation and diagnostics techniques-Part 1：General guidelines）

[5]　ISO 13381-1 机器状态监测与诊断 预测 第 1 部分:一般指南（Condition monitoring and diagnostics of machines-Prognostics Part 1： General guidelines）

[6]　ISO 13373-1 条件监测和机械诊断 振动条件监测 第 1 部分:一般程序（Condition monitoring and diagnostics of machines-vibration condition monitoring Part 1：General procedures（First edition））

[7]　ISO 10816 机械振动——在非旋转部件上测量和评价机器的机械振动（Mechanical vibration-Evaluation of machine vibration by measurements on non-rotating parts）

[8]　ISO 7919 机械振动——在旋转轴上测量评价机器的振动（Mechanical vibration-Evaluation of machine vibration by measurements on rotating shafts）

[9]　ISO 14830-1 机器系统的状态监视和诊断 基于摩擦学的监视和诊断 第 1 部分：一般要求和指南（Condition monitoring and diagnostics of machine systems-Tribologybased monitoring and diagnostics-Part 1： General requirements and guidelines（First edition））

[10]　GB/T 37942—2019 生产过程质量控制设备状态监测

[11]　GB T 22393—2015 机器状态监测与诊断 一般指南

[12]　T/CSNAME 056—2022 船用设备远程运维系统技术规范

[13]　T/CSNAME 063—2022 船用设备远程运维数据管理要求

标准（团体）九

船用设备智能集成与远程运维系统
第2部分：健康管理

引　言

本标准按照 GB/T 1.1—2020《标准化工作导则 第 1 部分:标准化文件的结构和起草规则》的规定起草。

本标准的发布机构不承担识别专利的责任。

本标准由中国造船工程学会标准化学术委员会提出。

本标准由中国造船工程学会归口。

本标准起草单位:上海外高桥造船有限公司、郑州大学、震兑工业智能科技有限公司、上海船舶运输科学研究所有限公司、武汉理工大学。

本标准主要起草人:刘芳、张瑞、郭勇、张文恒、邱伯华、董胜利、汤敏、李和林、周帅康、田亚辉。

本标准为首次发布。

1 范　　围

《船用设备智能集成与远程运维系统》提出了面向"状态监测、健康管理、视情维护、虚拟运维"4 个功能层次的船用设备智能运维系统构架,本标准为第 2 部分,规定了船用设备健康管理的流程、系统架构、功能要求等方面的要求,用于指导船用设备智能运维系统中健康管理系统的设计开发。

2　规范性引用文件

下列文件中的内容通过文中的规范性引用而构成本标准必不可少的条款。其中,注日期的引用文件,仅该日期对应的版本适用于本标准;不注日期的引用文件,其最新版本(包括所有的修改单)适用于本标准。

GB/T 25742.1—2010 机器的状态监测和诊断 数据处理、通信与表达 第 1 部分:一般指南

GB/T 25742.2—2013 机器的状态监测和诊断 数据处理、通信和表达 第 2 部分:数据处理

GB/T 25742.3—2018 机器的状态监测和诊断 数据处理、通信和表达 第 3 部分:通信

T/CSNAME 057—2023 船用设备智能集成与远程运维系统 第 1 部分:状态监测

T/CSNAME 061—2022 船用设备智能运维模型技术要求 第 1 部分:健康状态评估

T/CSNAME 062—2022 船用设备智能运维模型技术要求 第 2 部分:故障诊断与预测

3　术语和定义

3.1　健康评估 health assessment

根据状态检测数据对设备和系统的运行状态、健康状况进行分析和评估的过程。

3.2　健康管理 health management

健康管理是根据监测、分析和评估、诊断、预测的结果等信息,可用的维修资源和设备使用要求等知识,对任务、维修与保障等活动做出适当规划、决策、计划与协调的能力。

4　设备健康管理流程

经过设备状态的监测,对数据进行分析和提取,根据评估模型对设备状态进行健康评估,以评估结果启动故障诊断程序,并对诊断结果进行维修决策。对比设备实际情况与评估和诊断结果之间的差异,以迭代和更新评估/诊断模型,形成健康管理知识,以及更新健康管理信息。健康管理流程如图1所示。

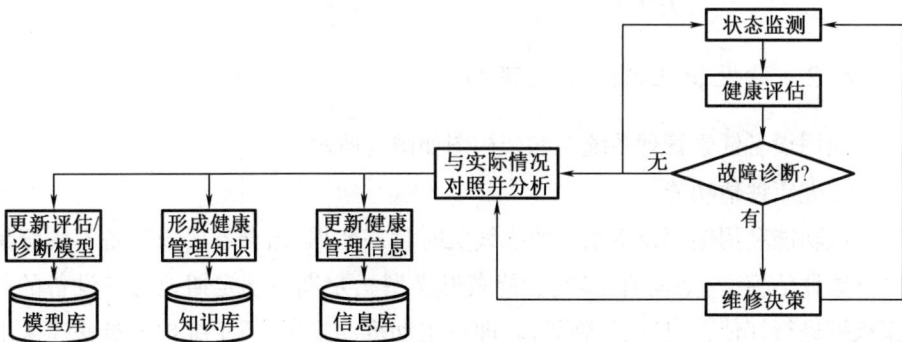

图1　健康管理流程图

5 健康管理系统

5.1 健康管理系统总体架构

船用设备健康管理系统需具备设备信息管理、设备状态评估(包括寿命预测)、设备故障诊断、设备维修决策与实施、维修效果评估和维保知识更新6种能力。船用设备健康管理系统对相关信息和数据进行存储、获取、加工及使用,其整体技术架构如图2所示。

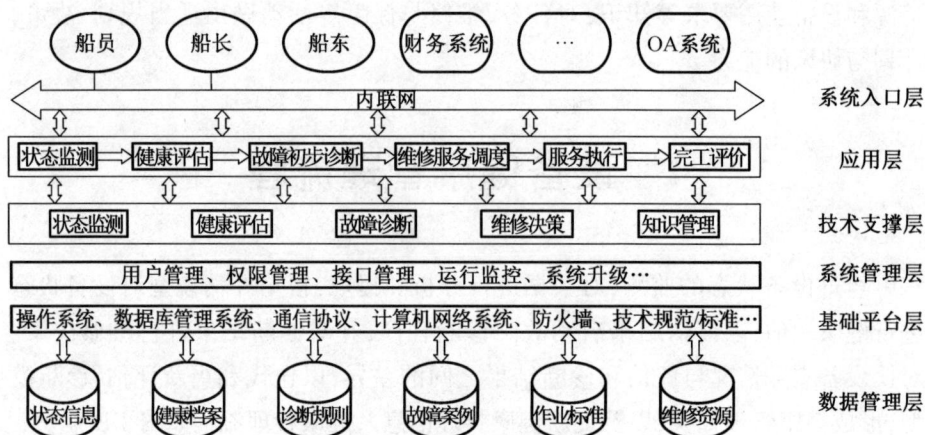

图2 船用设备健康管理系统总体架构图

5.2 健康管理系统功能架构

船用设备健康管理系统功能架构图如图3所示。

1.健康评估功能

该功能利用船用设备系统的在线实时状态数据,结合各层级设备不同级别的健康评估模型(如阈值比较、性能衰退模型),定期或不定期地对各设备的健康级别进行评估,一旦达到临界值,即可主动推动报警,便于维护人员快速采取措施。对于具有性能衰退模型的设备,分析基于历史数据的设备衰退趋势,提前进行维修决策和方案准备等工作。同时可对设备的寿命情况进行预测。

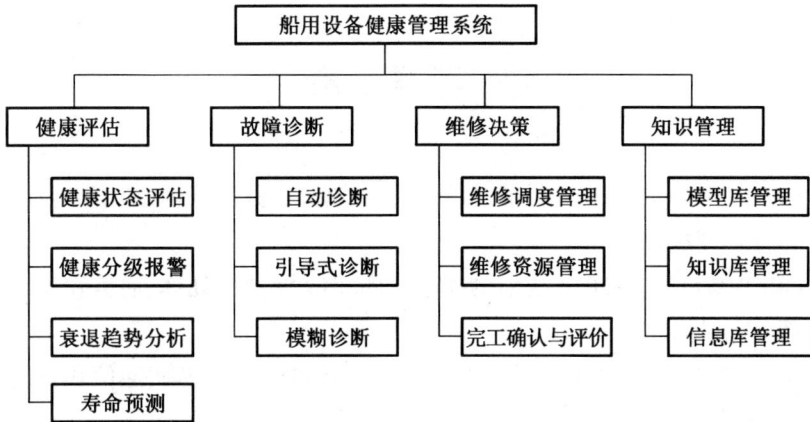

图3　船用设备健康管理系统功能架构图

2. 故障诊断功能

该功能在当前的技术下可分为3类：

a) 对于故障模式机理与逻辑比较清楚的，可将其逻辑过程、故障字典等内容提前定制到系统中，一旦发生某类报警，系统将自动定位到故障部件；

b) 对于故障逻辑比较清楚，但故障原因和部件会有多种可能的，也可将逻辑过程提前定制到系统中，通过向导的方式引导维修人员快速查找故障部件；

c) 对于故障逻辑不太清楚的，把与故障有关的资料文件、历史履历等信息与故障进行关联，一旦发生故障，将这些内容推送给相关维修人员以供参考。

3. 维修决策功能

该功能在设备的状态达到维修临界值时，其系统将自动调度维修项目，并自动推送给相应的维修人员。同时，系统将根据维修方案自动调度维修资源，包括人员、工具和备件，如果缺货，系统将自动发起采购流程。另外，系统将提供标准化的完工模板以供维修人员进行信息录入与确认，并支持基于成本和效率等方面的绩效评估。

4. 知识管理功能

知识管理功能实现对模型库、知识库和健康管理综合信息库等内容的管理和更新。其中，模型库主要包括检测诊断模型、性能衰退分析模型、状态评估模型、状态预测模型和维修决策模型等；知识库包括知识更新、电子手册、案例推理和数据挖掘等；健康管理综合信息库则包括健康指标信息、隐患检查间隔、维修检查大纲、维修检查费用和修理阈值等内容。

参 考 标 准

[1] GB/T 25742.1—2010 机器的状态监测和诊断 数据处理、通信与表达 第 1 部分:一般指南

[2] GB/T 25742.2—2013 机器的状态监测和诊断 数据处理、通信和表达 第 2 部分:数据处理

[3] GB/T 25742.3—2018 机器的状态监测和诊断 数据处理、通信和表达 第 3 部分:通信

[4] T/CSNAME 057—2023 船用设备智能集成与远程运维系统 第 1 部分:状态监测

[5] T/CSNAME 061—2022 船用设备智能运维模型技术要求 第 1 部分:健康状态评估

[6] T/CSNAME 062—2022 船用设备智能运维模型技术要求 第 2 部分:故障诊断与预测

标准（团体）十

船用设备智能集成与远程运维系统

第3部分：视情维护

引　言

本标准按照 GB/T 1.1—2020《标准化工作导则 第 1 部分：标准化文件的结构和起草规则》的规定起草。

本标准的发布机构不承担识别专利的责任。

本标准由中国造船工程学会标准化学术委员会提出。

本标准由中国造船工程学会归口。

本标准起草单位：上海船舶运输科学研究所有限公司、郑州大学、武汉理工大学、中远海运能源运输股份有限公司、河南省科学院。

本标准主要起草人：徐卫东、李果、王亚辉、汤敏、杨琨、凌志远、韩冰、张欢仁、董胜利、宋晓辉。

本标准为首次发布。

1　范　　围

《船用设备智能集成与远程运维系统》提出了面向"状态监测、健康管理、视情维护、虚拟运维"4 个功能层次的船用设备智能运维系统构架,本标准为第 3 部分,规定了船用设备视情维护的业务模型、功能、工作内容与策略等方面的要求,用于指导船用设备智能运维系统中视情维护子系统的设计开发。

2　规范性引用文件

下列文件中的内容通过文中的规范性引用而构成本标准必不可少的条款。其中,注日期的引用文件,仅该日期对应的版本适用于本标准;不注日期的引用文件,其最新版本(包括所有的修改单)适用于本标准。

中国船级社《智能船舶规范》(2020)

中国船级社《船舶智能机舱检验指南》(2017)

T/CSNAME 057—2023 船用设备智能集成与远程运维系统 第 1 部分:状态监测

T/CSNAME 058—2023 船用设备智能集成与远程运维系统 第 2 部分:健康管理

3　术语和定义

3.1　事后维修 breakdown maintenance

设备故障发生后导致设备停产之后的维修,因而也可称为故障维修。这种维修方式没有使用任何预测手段,只是在发现设备停止工作后才进行。

3.2　定期维修 periodic maintenance

周期性预防维修、主动维修,通过对设备定期进行检查的方式了解其运行状况。这种方式可以提前发现一些设备问题。

3.3 视情维护 condition-based maintenance

借助传感器与状态监测技术获取设备的实时信息，通过对信息的处理完成对设备健康状态的诊断和预测，给出在设备运行状态出现性能明显下降后实施的维修策略。

4 缩 略 语

PMS：计划保养系统（planned maintenance scheme）

MCM&HAS：机械状态监测与健康评估系统（machinery condition monitoring and health assessment system）

DSS：辅助决策系统，又称决策支持系统（decision support system）

CBM：视情维护（condition-based maintenance）

5 视情维护系统基本架构

视情维护立足于故障机理的分析，根据不解体检测的结果，当维护对象出现"潜在故障"或"故障隐患"时就进行调整、维修或更换，从而避免"功能故障"的发生。视情维护基于对设备的历史与当前运行状况，以及未来运行状况趋势预测的综合考虑，为设备提供合理、有效的维修方案。可能缩短定期保养周期，也可能延长原定期保养周期。

视情维护系统的基本架构如图1所示，其核心功能是在状态监测和健康管理的基础上，以信息集成为基础，借助多种信息载体以及信息共享资源，基于各种算法和智能模型来分析、预测、监控和管理船用设备基本单元、子系统、设备和运行系统的可维护性，形成视情维护策略指导相应的系统配置，产生更换、维修活动等建议措施，在被监测系统发生故障之前的适宜时机采取维修措施。

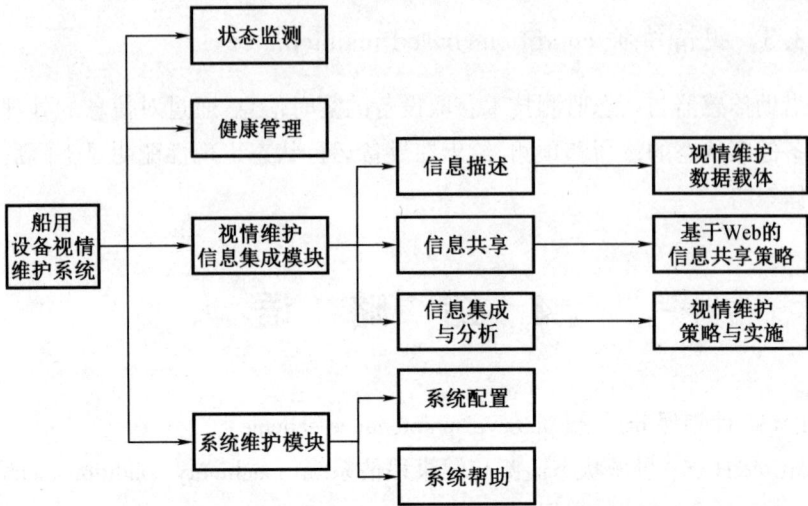

图 1　视情维护系统基本架构图

状态监测、健康管理参见：T/CSNAME 057—2023《船用设备智能集成与远程运维系统 第 1 部分：状态监测》；T/CSNAME 058—2023《船用设备智能集成与远程运维系统 第 2 部分：健康管理》。

6　视情维护业务模型

1. 通过构建船舶关键部件性能退化模型，配合整个视情维护保养体系提出维修策略，有效降低船舶维修成本。

2. 对维修对象进行状态监测，可以掌握其实际性能状况和发展趋势，并根据该结果进行合理的维修安排。

3. 每一个部件都有一份拟定好的监测计划，监测计划给出此部件下次监测时间，该时间可以根据模型的性能退化量来决定推迟或者提前。

4. 根据模型推测出部件在下次船舶靠岸时的性能退化量超过其潜在失效阈值，此时应当尽快维护部件。

5. 根据所建模型以及监测计划，制定维修策略，以得出最优的检测周期以及维修阈值，降低维修费用，提高设备运行的稳定性与可靠性。

图 2 所示为视情维护业务模型。

性能退化模型 → 状态监测对象和参数 → 监测计划 → 维护行为触发条件 → 维修策略与维修计划

图2　视情维护业务模型图

7　视情维护实施策略

7.1　视情维护考量内容

视情维护要包含以下三个方面的内容：

1. 对于单部件系统，需选择部件的状态监测参数；对于多部件系统，需要确定状态监测的对象与参数。

2. 确定监测方式，采取连续状态监测或者周期状态监测，特殊情况可能是随机状态监测。

3. 确定维护行为的触发条件，可以是多个对象或参数综合评估的结果。

7.2　视情维护实施策略

视情维护策略实施考虑以下几个方面：

1. 目标准则，如风险最小化、维修费用最小化、系统平均可用度最大等。

2. 维护质量，维修行为对设备性能的恢复程度，如完全维护、不完全维护、最小维护等。

3. 性能退化模型，如 Gamma 过程、Wiener 过程等。

4. 维修限制条件，如维修时间有限，备件库存有限等。

参 考 标 准

［1］　中国船级社《智能船舶规范》(2020)

［2］　中国船级社《船舶智能机舱检验指南》(2017)

［3］　T/CSNAME 057—2023 船用设备智能集成与远程运维系统 第1部分：状态监测

［4］　T/CSNAME 058—2023 船用设备智能集成与远程运维系统 第2部分：健康管理

标准（团体）十一
船用设备智能集成与远程运维系统
第4部分：虚拟运维

引　言

本标准按照 GB/T 1.1—2020《标准化工作导则 第 1 部分：标准化文件的结构和起草规则》的规定起草。

本标准的发布机构不承担识别专利的责任。

本标准由中国造船工程学会标准化学术委员会提出。

本标准由中国造船工程学会归口。

本标准起草单位：武汉理工大学、郑州大学、震兑工业智能科技有限公司、上海船舶运输科学研究所有限公司、上海外高桥造船有限公司。

本标准主要起草人：白秀琴、张瑞、周帅康、魏幕恒、刘杰、杨琨、韩冰、曹征宇、王亚辉、卢明剑。

本标准为首次发布。

1 范　围

《船用设备智能集成与远程运维系统》用于构建船用设备智能运维系统,从运维的信息来源、状态评估、维护策略到高层级的数字孪生运维,按系统功能层次分为4个子系统:状态监测、健康管理、视情维护、虚拟运维。

本标准为4部分,规定了船用设备虚拟运维体系架构、各组件的实现,以及虚拟运维系统功能要求。用于指导船用设备智能运维系统中虚拟运维子系统的设计开发。

2　规范性引用文件

下列文件中的内容通过文中的规范性引用而构成本标准必不可少的条款。其中,注日期的引用文件,仅该日期对应的版本适用于本标准;不注日期的引用文件,其最新版本(包括所有的修改单)适用于本标准。

GB/T 26101—2010 机械产品虚拟装配通用技术要求

T/CSNAME 057—2023 船用设备智能集成与远程运维系统 第1部分:状态监测

T/CSNAME 058—2023 船用设备智能集成与远程运维系统 第2部分:健康管理

T/CSNAME 059—2023 船用设备智能集成与远程运维系统 第3部分:视情维护

3　术语和定义

3.1　虚拟运维 virtual operation

实体装备在虚拟信息空间中的映射,是设备运行、诊断、维护、维修等过程的数字化的体现。

3.2 虚拟空间 virtual space

与物理实体空间相对应的概念,应用数字化技术和物联网技术等先进技术,建立起来的与实体空间在空间几何关系、要素相互作用等方面相一致的虚拟实体空间。

3.3 数字孪生 digital twins

现有或将有的物理实体对象的数字模型,通过实测、仿真和数据分析来实时感知、诊断、预测物理实体对象的状态,通过优化和指令来调控物理实体对象的行为,通过相关数字模型间的相互学习来进化自身,同时改进利益相关方在物理实体对象生命周期内的决策。

3.4 数据驱动 data driven

从初始的数据或观测值出发,运用启发式规则,寻找和建立内部特征之间的关系,从而发现一些定理或定律。

4 虚拟运维体系架构

基于数字孪生的船用设备运维系统虚拟运维架构如图1所示。

虚拟运维体系架构基于物理实体、虚拟实体、服务、孪生数据、连接五个维度规范虚拟运维集成控制技术要求。

4.1 实体运维过程

实体运维过程以船用设备实体为基础,运维过程操作与结果为对象,是虚拟运维集成系统的基础。设备实体按照功能及结构一般包括基本单元、子系统、设备、运行系统四个层级。实体运维过程的设计与实现应具有层次性,能够实现不同应用需求和管控粒度对运维的需求。

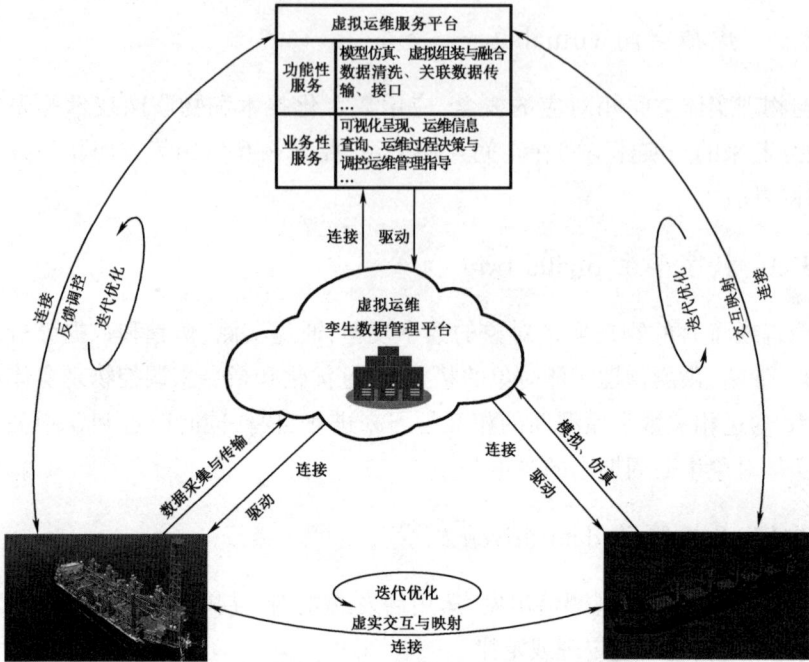

图1 基于数字孪生的船用设备虚拟运维架构图

4.2 虚拟运维孪生体

虚拟运维孪生体从多应用维度、多空间尺度、多时间尺度对物理实体进行刻画和描述。

虚拟运维孪生体包含几何模型、物理模型、行为模型、规则模型。虚拟运维孪生体模型如图2所示。模型应满足以下要求:

1. 几何模型:描述船用设备物理实体的几何参数(形状、尺寸、位置等)与关系(如装配关系)的三维模型。

2. 物理模型:在几何模型的基础上增加反映实体物理属性的信息,如设备的结构性能、约束特征、环境参数等。

3. 行为模型:描述在不同粒度、不同空间尺度下以及不同时间尺度下,通过与实体模型的交互接口,船用设备物理实体在外部环境与干扰以及内部运行机制的共同作用下,产生的实时响应及行为,如运维过程中的人工操作或者系统指令的相应响应。

4. 规则模型:包括基于历史关联数据的规律规则,基于隐性知识总结的经验,以及相关领域标准与准则等,如设备故障诊断、状态预测、决策规划等与行为模型进行关联,实现对物理实体运行的规则建模。

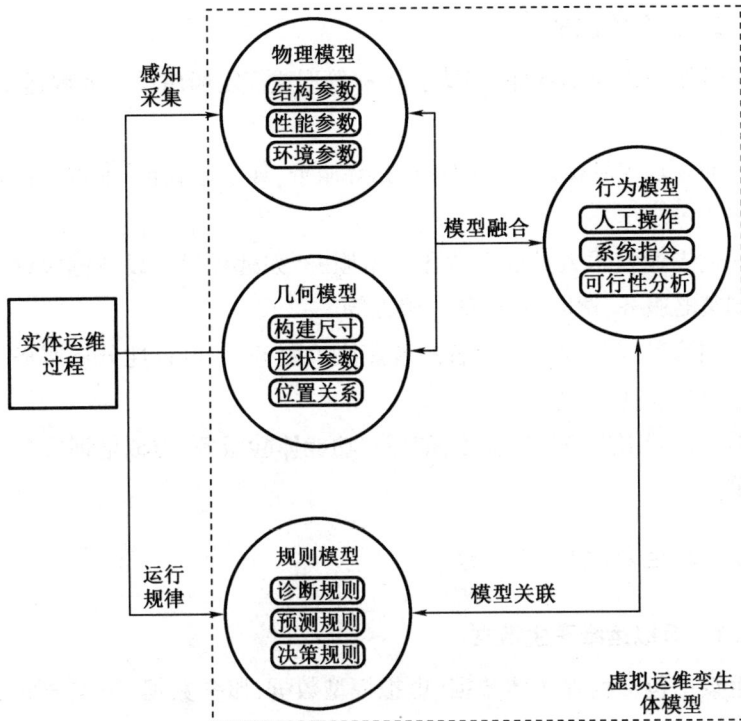

图2　虚拟运维孪生体模型图

4.3　虚拟运维服务

服务是对虚拟运维集成控制应用过程中面向船用设备运维业务所需的各类数据、模型、算法、仿真、结果等进行服务化封装,并以应用软件或移动端 App 的形式提供给各级用户,实现对服务的便捷及按需使用。

服务分为功能性服务和业务性服务两类。

4.3.1　功能性服务

功能性服务以工具组件、中间件、模块引擎等形式支撑虚拟运维内部功能运行。主要包括：

1.面向虚拟实体提供的模型管理服务,如建模仿真服务、模型组装与融合服务等。

2.面向虚拟运维孪生数据提供的数据管理与处理服务,如数据清洗、关联、挖掘、融合等服务。

3. 面向连接提供的综合连接服务,如数据采集服务、感知接入服务、数据传输服务、协议服务、接口服务等。

4.3.2 业务性服务

业务性服务以应用软件、移动端 App 等形式满足船用设备远程运维不同用户需求。

1. 面向终端现场操作人员的操作指导服务,如信息查询、虚拟装配、设备维修维护服务等。

2. 面向专业技术人员的专业化技术服务,如远程运维设备健康评估服务、设备控制策略服务、调度服务、仿真服务等。

3. 面向远程运维管理决策者的智能决策服务,如可行性分析服务、风险评估服务、趋势预测服务等。

4. 面向终端用户的产品服务,如用户功能体验服务、虚拟培训服务、远程维修服务等。

4.4 孪生数据管理平台

4.4.1 虚拟运维孪生数据

孪生数据包括物理实体数据、虚拟模型数据、服务数据、知识数据、融合衍生数据。

1. 物理实体数据

物理实体数据主要包括体现船舶设备物理实体规格、功能、性能、关系等物理要素属性数据,以及反映船用设备物理实体运行状况、实时性能、环境参数、突发扰动等的动态过程数据。

2. 虚拟模型数据

虚拟模型数据主要包括:

a)船用设备虚拟模型几何尺寸、装配关系、位置等几何模型相关数据;

b)船用设备虚拟模型材料属性、载荷、特征等物理模型相关数据;

c)虚拟模型驱动因素、环境扰动、运行机制等行为模型相关数据;

d)虚拟模型约束、规则、关联关系等规则模型相关数据;

e)基于上述模型开展的过程仿真,行为仿真,过程验证、评估、分析、预测等的仿真数据。

3. 服务数据

服务数据主要包括:

a) 功能性服务相关数据(算法、模型、数据处理方法等)；

b) 业务性服务相关数据(控制、决策、设备管理数据等)。

4. 知识数据

知识数据包括专家知识、行业标准、规则约束、推理推论、常用算法库与模型库等。

5. 衍生数据

衍生数据是对物理实体数据、虚拟实体数据、服务数据、知识数据进行数据转换、预处理、分类、关联、集成、融合等相关处理后得到的衍生数据。

4.4.2　孪生数据管理平台

数据管理平台是沟通实体物理空间与虚拟孪生空间的桥梁，主要实现数据融合，数据预处理，数据挖掘，数据应用4个功能。具体要求如下。

1. 数据融合：对来自物理空间与虚拟空间的模型数据、仿真数据、管理数据、评估数据实时采集并进行融合。

2. 数据预处理：对原始数据进行数据预处理，包括数据清洗、数据集成、数据转换、数据规约等，提高数据的准确性、完整性和一致性。

3. 数据挖掘：利用人工智能等方法进行数据分析挖掘，达到分类、预测、聚类的效果。

4. 数据交互应用：在数据融合、预处理、分析挖掘的基础上，提取相应参数进行特征级和决策级的数据应用，能够为实体设备运维和虚拟孪生体的优化提供依据。

4.5　连接

指实现虚拟运维集成系统各组成部分互联互通的连接。

4.5.1　实体运维过程和虚拟运维孪生体的连接

将采集到的实体运维过程实时数据传输至虚拟孪生体，用于更新校正各类数字模型；将虚拟实体仿真分析等数据转化为控制指令，下达至物理实体执行器，实现对实体过程的实时控制。

4.5.2　实体运维过程和服务平台的连接

将采集到的物理实体实时数据传输至服务平台，实现对平台服务的更新与优化；服务平台产生的操作指导、专业分析、决策优化等结果以应用软件或移动端 App 的形式提供给用户，通过人工或自动操作实现对实体运维过程的调控。

4.5.3 虚拟运维孪生体和服务平台的连接

实现虚拟实体和服务的交互。可通过 Socket 等软件接口实现虚拟实体与服务的双向通信,完成直接的指令传递、数据收发、消息同步等。

4.5.4 孪生数据管理平台的连接

以上连接过程中,均以数据形式进行,设置统一的孪生数据管理平台,对各个层次和应用的数据进行处理和统一管理,以统一的接口和方式实现数据的采集、存储、通信、驱动等操作,实现历史数据、规则数据、常用算法及模型等的运行、迭代与优化。

5 虚拟运维功能要求

5.1 虚拟运维全过程可视化

基于采集物理实体数据,通过虚拟空间构建设备运行现场三维可视化虚拟场景,实现船载、岸基三维再现,设备特征参数的可视化,设备运行状态可视化,设备故障特征可视化。提高设备故障预警管控的准确度和设备运维可靠度。

5.2 协同作业仿真管理

通过建立与设备运行现场相一致的虚拟模型,通过物理实体的实时数据驱动虚拟实体的仿真,实现设备作业协同。

5.3 运维措施可行性分析

根据设备的正常运行状态参数,将运维措施导入虚拟运维平台的数字孪生体中,分析运维措施的可行性,对非正常运行环节进行及时调整与预测。

5.4 健康管理优化

基于设备物理实体建立虚拟实体实现数据交互、实时仿真,对物理实体参数与虚拟仿真实体数据一致性进行判断,对故障进行识别与预测,实现设备健康管理的优化。

参 考 标 准

[1]　GB/T 26101—2010 机械产品虚拟装配通用技术要求
[2]　T/CSNAME 057—2023 船用设备智能集成与远程运维系统 第 1 部分:状态监测
[3]　T/CSNAME 058—2023 船用设备智能集成与远程运维系统 第 2 部分:健康管理
[4]　T/CSNAME 059—2023 船用设备智能集成与远程运维系统 第 3 部分:视情维护

标准（团体）十二
船用设备远程运维数据管理要求

引　言

本标准按照 GB/T 1.1—2020《标准化工作导则 第 1 部分:标准化文件的结构和起草规则》的规定起草。

本标准由中国造船工程学会标准化学术委员会提出。

本标准由中国造船工程学会归口。

本标准主要起草单位:上海船舶运输科学研究所有限公司、中远海运能源运输股份有限公司、武汉船用机械有限责任公司、上海外高桥造船有限公司、武汉理工大学。

本标准的主要起草人:韩冰、吴中岱、徐卫东、文逸彦、俞伯正、李沨、顾洪彬、柳师捷、范爱龙。

本标准为首次发布。

1 范　　围

本标准规定了船用设备远程运维的数据定义与范围、数据分类、数据采集与存储、数据集成与服务、数据及数据库管理、数据分析与利用、数据质量与安全等方面的一般要求与规范。本标准适用于船用设备远程运维系统的开发与应用。

2　规范性引用文件

下列文件中的内容通过文中的规范性引用而构成本标准必不可少的条款。其中,注日期的引用文件,仅所注日期的版本适用于本标准;不注日期的引用文件,其最新版本(包括所有的修改单)适用于本标准。

中国船级社《智能船舶规范》(2020)

GB/T 34000 中国造船质量标准

GB/T 34001 中国修船质量标准

GB/T 39837 信息技术 远程运维 技术参考模型

GB/T 38667 信息技术 大数据 数据分类指南

GB/T 36962 传感数据分类与代码

GB/T 22124.1 面向装备制造业产品全生命周期工艺知识 第 1 部分:通用制造工艺分类

GB/T 22124.2 面向装备制造业产品全生命周期工艺知识 第 2 部分:通用制造工艺分类编码规范

GB/T 22124.3 面向装备制造业产品全生命周期工艺知识 第 3 部分:通用制造工艺描述与表达规范

ISO 19847 Ships and marine technology—Shipboard data servers to share field data at sea

ISO 19848 Ships and marine technology—Standard data for shipboard machinery and equipment

ISO/IEC 27001:2005 (E) Information technology—Security techniques—Information security management systems—Requirements

ISO/IEC PRF 20922 Information technology – Message queuing telemetry transport

ISO 16425 Ships and marine technology—Guidelines for the installation of ship communication networks forshipboard equipment and systems

ISO/IEC 10118—3 Information technology—Security techniques—Hash–functions—Part3：Dedicated hash

IEC 60092—504 Electrical installations in ships—Part 504：Special features—Control and instrumentation

IEC 61162—1 Maritime navigation and radio communication equipment and systems—Digital interfaces—Part 1：Single talker and multiple listeners

IEC 61162—450 Maritime navigation and radio communication equipment and systems—Digital interfaces—Part 450：Multiple talkers and multiple listeners—Ethernet interconnection

IEC 61162—460 Maritime navigation and radio communication equipment and systems—Digital interfaces—Part 460：Multiple talkers and multiple listeners—Ethernet interconnection—Safety and security

3　术语和定义

下列术语和定义适用于本标准。

3.1　运维管理 operation management

通过技术手段对设备进行数据采集、数据分析,判断设备运行状态,并提供相应运维服务的管理过程。

3.2　信息模型 information model

对给定的设备信息资源进行定义、描述和关联的组织框架。

3.3　设备模型 device model

一种模型,是船用设备的描述,由属性集、方法集和组件组成。

3.4 数据分类 data classification

数据分类就是把具有某种共同属性或特征的数据归并在一起,通过其类别的属性或特征来对数据进行区别。即把相同内容、相同性质的信息以及要求统一管理的信息集合在一起,而把相异的和需要分别管理的信息区分开来,然后确定各个集合之间的关系,形成一个有条理的分类系统。

3.5 船舶远程运维数据 ship remote operation and maintenance data

岸基平台上通过信息技术所获取的用于判断设备运行状态并提供相应运维服务的船上设备数据。

3.6 数据战略 data strategy

组织开展数据工作的愿景、目的、目标和原则。

3.7 数据治理 data governance

对数据进行处置、格式化和规范化的过程。

3.8 数据架构 data architecture

通过组织级数据模型定义数据需求,指导对数据资产的分布控制和整合,部署数据的共享和应用环境,以及元数据管理的规范。

3.9 数据标准 data standard

保障数据的内外部使用和交换的一致性与准确性的规范性约束。

3.10 数据质量 data quality

在指定条件下使用时,数据的特性满足明确的和隐含的要求的程度。

3.11 数据安全 data security

数据的机密性、完整性和可用性。

3.12 主数据 master data

组织中需要跨系统、跨部门进行共享的核心业务实体数据。

3.13　参考数据 reference data

对其他数据进行分类和规范的数据。

3.14　数据生存周期 data lifecycle

将原始数据转化为可用于行动的知识的一组过程。

3.15　平台 platform

能够按需提供应用程序部署、管理和运行的操作环境。

3.16　感知数据 sensing data

通过数据采集获取的原始数据或在此基础上进行加工处理的表征对象信息的数据统称。

3.17　控制数据 control data

作用于对象的执行控制操作的数据。

3.18　结构化数据 structured data

一种数据表示形式,按此种形式,由数据元素汇集而成的每个记录的结构都是一致的并且可以使用关系模型予以有效描述。

3.19　非结构化数据 unstructured data

不具有预定义模型或未以预定义方式组织的数据。

3.20　半结构化数据 semi-structured data

不符合关系型数据库或其他数据表的形式关联起来的数据模型结构,但包含相关标记,用来分隔语义元素以及对记录和字段进行分层的一种数据化结构形式。

3.21　脏数据 dirty data

不在给定的范围内,无实际意义或数据格式非法。

3.22 数据分析 data analysis

为提取有用信息和形成结论而对数据加以详细研究和概括总结的过程。

4 船用设备运维数据分类

4.1 总则

船用设备运维数据依据如下原则进行分类:

1. 稳定性原则

依据分类的目的,选择船舶设备稳定的本质特性作为分类的基础和依据,以确保由此产生的分类结果能稳定的支持应用目标。因此,在分类过程中,首先应明确界定分类对象稳定、本质的特征。

2. 系统性原则

将选定的船舶设备特征(或特性)按其内在规律系统化进行排列,形成一个逻辑层次清晰、结构合理、类目明确的分类体系。

3. 可扩充性

在类目的设置或层级的划分上,留有适当的余地,以保证分类对象增加时,不会打乱已经建立的分类体系。

4. 综合实用性

从实际需求出发,综合各种因素来确定具体的分类原则,使得由此产生的分类结果总体符合需求、综合实用和便于操作。

5. 兼容性

有相关的国家标准则应执行国家标准,若没有相关的国家标准,则执行相关的行业标准;若二者均不存在,则应参照相关的国际标准。以保证不同分类体系间的协调一致和转换。

4.2 分类体系

依据上述原则,建立3种船舶设备运维数据的分类方式:

1. 根据设备运维数据的物理属性分类,可分为感知数据、认知数据、控制数据、决策数据等。

2. 根据设备运维场景分类,按照运维目标建立图1所示的运维数据分类体系,分为面向船舶设备状态监测的数据、面向船舶设备故障诊断的数据、面向船用设备健康管理的数据、面向船用设备视情维护的数据。

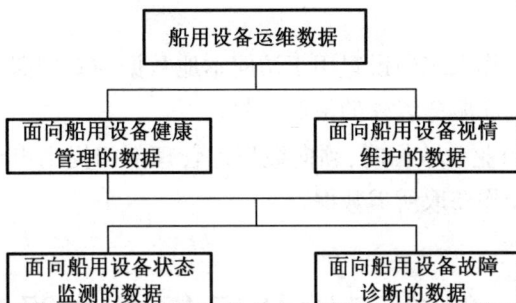

图1 面向设备运营场景的船用设备运维数据分类体系

3. 根据船端运维与远程运维数据分类,可分为船端运维数据、船端储存处理数据、岸基运维数据等。

5 数据存储与数据库管理

5.1 数据存储要求

船上数据服务器应能够存储接入标准下的输入数据至少30天。

制造商应在用户或安装手册中提供有关每条记录需要多少存储空间的指南。还应提供有关船舶数据服务器内总存储容量的信息。

船载数据服务器应提供协助用户估计船载数据服务器的总存储容量是否满足需求的方法。

注释:船载数据服务器可能具有冗余功能,以保护管理数据和实际记录的数据(例如 RAID 1、3 和 5 系统)。

5.2 数据库物理环境安全管理

数据库所在的服务器、存储器等的温度、湿度、通风条件及防水、防尘、防雷、防震、防静电等均要满足计算机机房的规范要求。

同时数据库服务器应当置于单独的服务器区域,任何对这些数据库服务器的物理访问都应获得授权或受到控制。

5.3 数据库操作系统运行维护管理

数据库操作系统除提供数据库服务外,不可提供任何其他如 FTP、DNS 等网络服务。

应在数据库操作系统中设置用于访问本地数据的专用账户,同时赋予该账户除运行各项数据库服务以外的最低权限。

外界请求使用业务数据时,须向数据库管理部门提出申请,经审批后由数据库管理员进行操作获取所需数据。

6 船端运维数据集成与服务

6.1 船端数据集成

船端运维数据应来自船上各个子系统,如压载水系统、货运系统、设备监测系统等。船端数据服务器依照相关行业标准或协商标准将其集成于船端数据管理平台,并与岸基平台保持通信及数据传输,如图 2 所示。

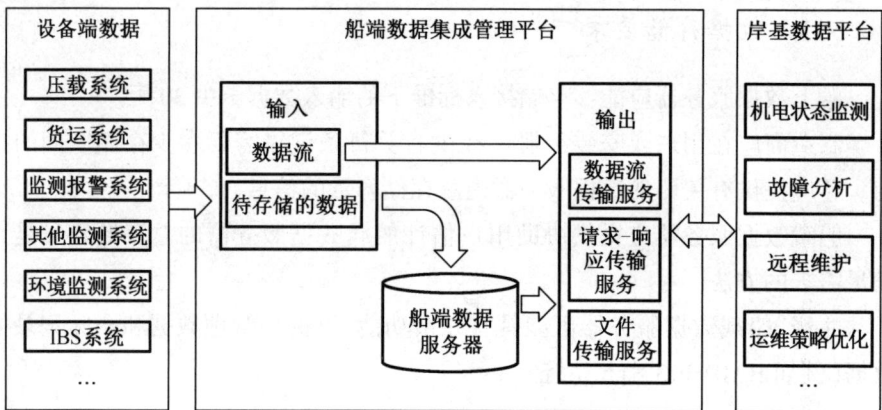

图 2 数据流动路径示意图

6.2 船端数据流动路径与服务

传感器等设备从设备端收集到所需的基本数据后,通过数据流的形式输入船端数据集成平台,其中部分数据存入船端数据服务器,其余的通过图 2 中 3

种服务形式将数据输出至岸基据平台,用以在岸基实现对船用设备的机电状态监测、故障分析、远程维护等。

7　岸基运维数据集成与服务

7.1　岸基数据集成

岸基数据平台接收来自船端数据集成平台通过数据流传输服务、请求-响应传输服务及文件传输服务所发送的结构化与非结构化数据,集成于岸基据平台,如图2所示。

7.2　岸基数据处理与服务

岸基数据平台通过对接收到的结构化与非结构化数据进行统一分析处理,实现基于认知运维数据的船端设备状态的监测,进而向船端提供诸如重要机电设备的状态监测、故障分析、远程维护及运维策略优化等服务,如图2所示。

8　数据分析与利用

8.1　通用规则

对船上设备远程运维数据的分析与利用应围绕船厂、船东、设备商关于设备运维所需求的方向开展研究,并根据相关数据接入和使用标准制定,满足其对数据格式、通信格式等的要求。

8.2　数据分析

数据分析是数据处理与应用的关键环节,它决定了数据的价值性和可用性,以及分析预测结果的准确性。在数据分析环节,应根据数据应用情境与决策需求,选择合适的数据分析方法,提高数据分析结果的可用性、价值性和准确性质量。并就船厂、船东和设备厂商所关注的如设备的故障诊断、视情维护等重点问题进行有针对性的数据分析。

8.3 数据处理

数据的类型和存储形式决定了其所采用的数据处理系统,而数据处理系统的性能与优劣直接影响数据质量的价值性、可用性、时效性和准确性。因此在进行数据处理时,要根据数据类型选择合适的存储形式和数据处理系统,以实现数据质量的最优化。同时结合实际远程运维的需求,开发并使用相应的数据处理方法与系统。

8.4 数据可视化与应用

数据可视化是指将数据分析与预测结果以计算机图形或图像的直观方式显示给用户的过程,并可与用户进行交互式处理。数据可视化技术有利于发现大量船舶设备运维数据中隐含的规律性信息,以支持管理决策。数据可视化环节可大大提高数据分析结果的直观性,便于用户理解与使用,故数据可视化是影响数据可用性和易于理解性质量的关键因素。在船端与岸基对运维数据进行可视化处理可以使得运维人员更便捷、直观地了解设备运行状态,提高运维效率,为在船端与岸基实现视情维护与预测性维护提供技术与方案支持。

9 数据质量与安全

9.1 通用基本原则

为保障获取到的船舶运维数据的质量及安全,数据管理主体应在组织整体业务活动和风险的环境下建立、实施、运作、监控、评审、维护和改进文件化的数据质量与安全管理体系。

9.2 数据质量评价指标

评价船舶运维数据质量的指标包括但不限于数据的规范性、完整性、准确性、一致性、时效性、可访问性和稳定性。

9.2.1 规范性

数据规范性是指数据符合数据标准、数据模型、业务规则、元数据或权威参考数据的程度。

9.2.2　完整性

数据完整性是指数据信息是否存在缺失的状况,数据缺失的情况可能是整个数据记录缺失,也可能是数据中某个字段信息的记录缺失。不完整的数据所能被利用的价值就会大大降低,也是数据质量较为基础的一项评估标准。

9.2.3　准确性

数据准确性指的是数据准确表示其所描述的真实实体(实际对象)真实值的程度。

9.2.4　一致性

数据一致性指的是数据与其他特定上下文中使用的数据无矛盾的程度。

9.2.5　时效性

数据时效性指的是数据在时间变化中的正确程度。

9.2.6　可访问性

数据可访问性指的是数据能被外部访问的程度。

9.2.7　稳定性

数据稳定性是描述数据的波动是否稳定和是否在其有效范围内的指标。在设备使用之前,所有不可执行的数据都应进行验证。

9.3　网络安全要求

9.3.1　网络安全一般要求

船端数据服务器应安装在符合 ISO 16425 中规定的与网络安全相关要求的网络内。

ISO 16425 规定了与网络安全相关的要求:

1. 网络系统设计;
2. 舰载设备和系统的网络接口;
3. 防范恶意软件;
4. 其他连接在没有安全工具及密钥的情况下应实行物理隔离。

9.3.2 网络安全控制措施

应确保对网络充分地管理和控制,以防范威胁、保护使用网络的系统和应用维护安全,包括传输的信息。

9.3.3 网络服务安全

应识别所有网络服务的安全特性、服务级别和管理要求,并包括在网络服务协议中,无论网络服务是内部提供还是外包。

9.4 本地安全要求

9.4.1 物理处所要求

计算机相关设备存放应满足船用条件。

正常失电时仍有必要使用的网络系统,应能在正常供电失电时自动转接到备用电源。该备用电源可以采用UPS,其容量至少能维持30 min供电的需要。

9.4.2 物理访问控制

服务器型设备应该位于可正常锁闭的房间内,以防止未经授权的访问。如果有困难,设备应位于可锁闭的柜子或控制台内。

船舶网络主干网中的网络设备(路由器、交换机、防火墙、网关、协议转换器等)应安装在被保护的设施内。

制造商应定义维护所需的工作区域,并在安装手册中提供详细信息。

当使用移动设备或便携式存储设备时,应特别注意下述事项,以确保设备受到保护:

1.除非经过特别授权,移动设备(例如笔记本电脑、平板电脑、智能手机等),包括便携式存储设备(例如USB驱动器、HDD、CD、DVD等),不得被允许连接到任何设备;

2.当便携式存储设备用于软件维护时,应在使用前通过负责人授权;

3.除非连接外部设备进行维护或类似操作,到网络的连接应物理阻断;

4.应通过策略和物理或逻辑手段防止不适当和未经授权的便携式设备连接到系统的行为。

应通过以下入口控制手段对安全区域进行保护,如专人值守、安装屏障或配置电子门禁系统,以允许被授权人进入:

1. 应配备访问记录表，记录访问者进入和离开区域的日期和时间。尤其是系统集成商或供应商的服务工程师等访问者，应该通过身份证等进行认证，并且只允许经授权的访问；

2. 所有访问记录均应进行安全维护和监控。

支持网络的物理安全设备：

1. 物理安全设备(例如监视摄像机、入侵检测器、电子锁等)，应具有强登录认证方法，如密码、智能卡、令牌等。如果采用密码，则应为非默认值，保持密码的复杂性，并定期更新；

2. 物理安全设备应定期进行测试，确保其工作在正常作业状态；

3. 物理安全设备的记录数据，应经授权才可进行维护和访问。

建立系统资产(包括设备、系统、工作站、服务器、可编程逻辑控制器、网络协议转换器、网络连接等)访问控制列表(ACL)，并保持最新。

通过 USB 端口访问系统前，应对该端口传输的设备和/或数据进行检测。

9.4.3　设备安装部署

保障船舶网络及相关系统稳定运行的冗余设备应尽量安装在两个不同位置。

当船舶主干网布线采取冗余形式时，冗余线缆应尽可能远离，例如从左右两舷分开敷设。

连接到系统的关键计算机和网络设备应安装在安全区域，以避免外来者访问。

参 考 标 准

[1]　中国船级社《智能船舶规范》(2020)

[2]　GB/T 34000 中国造船质量标准

[3]　GB/T 34001 中国修船质量标准

[4]　GB/T 39837 信息技术 远程运维 技术参考模型

[5]　GB/T 38667 信息技术 大数据 数据分类指南

[6]　GB/T 36962 传感数据分类与代码

[7]　GB/T 22124.1 面向装备制造业产品全生命周期工艺知识 第1部分:通用制造工艺分类

［8］ GB/T 22124.2 面向装备制造业产品全生命周期工艺知识 第2部分：通用制造工艺分类编码规范

［9］ GB/T 22124.3 面向装备制造业产品全生命周期工艺知识 第3部分：通用制造工艺描述与表达规范

［10］ ISO 19847 Ships and marine technology—Shipboard data servers to share field data at sea

［11］ ISO 19848 Ships and marine technology—Standard data for shipboard machinery and equipment

［12］ ISO/IEC 27001：2005（E）Information technology—Security techniques—Information security management systems—Requirements

［13］ ISO/IEC PRF 20922 Information technology – Message queuing telemetry transport

［14］ ISO 16425 Ships and marine technology—Guidelines for the installation of ship communication networks forshipboard equipment and systems

［15］ ISO/IEC 10118—3 Information technology—Security techniques—Hash – functions—Part3：Dedicated hash

［16］ IEC 60092—504 Electrical installations in ships—Part 504：Special features—Control and instrumentation

［17］ IEC 61162—1 Maritime navigation and radio communication equipment and systems—Digital interfaces—Part 1：Single talker and multiple listeners

［18］ IEC 61162—450 Maritime navigation and radio communication equipment and systems—Digital interfaces—Part 450：Multiple talkers and multiple listeners—Ethernet interconnection

［19］ IEC 61162—460 Maritime navigation and radio communication equipment and systems—Digital interfaces—Part 460：Multiple talkers and multiple listeners—Ethernet interconnection—Safety and security

标准（团体）十三

船用设备智能集成与远程运维知识库建设规范

引　言

本标准按照 GB/T 1.1—2020《标准化工作导则 第 1 部分:标准化文件的结构和起草规则》的规定起草。

本标准的发布机构不承担识别专利的责任。

本标准由中国造船工程学会标准化学术委员会提出。

本标准由中国造船工程学会归口。

本标准起草单位:武汉船用机械有限责任公司、中国造船工程学会、武汉理工大学、上海船舶运输科学研究所有限公司、震兑工业智能科技有限公司。

本标准主要起草人:王强、赵枚佳、王献忠、曾力、李沨、韩冰、范爱龙、魏幕恒。

本标准为首次发布。

1 范　围

本标准阐述了知识图谱的一般构建原则,规定了船用设备智能集成与远程运维知识模型的建设要求、知识库的建设要求和运行管理要求。

本标准用于指导船用设备智能集成与远程运维知识库的设计开发与运行管理。

2　规范性引用文件

下列文件中的内容通过文中的规范性引用而构成本标准必不可少的条款。其中,注日期的引用文件,仅该日期对应的版本适用于本标准;不注日期的引用文件,其最新版本(包括所有的修改单)适用于本标准。

GJB 813—1990 可靠性模型的建立和可靠性预计

GB/T 22393—2008 机器状态监测与诊断一般指南

ISO 17359—2003 Condition monitoring and diagnostics of machines—General guidelines

3　术语和定义

3.1　知识体系 knowledge system

是对知识资源进行重组与优化,通过对知识资源的结构化组织和清晰描述,实现知识资源的高度有序化,促进知识资源的共享和利用。

3.2　知识分类 knowledge classification

知识体系的要素,按照不同维度形成层次化的分类模型,在同一维度中各个分类项之间是彼此独立、不相容的。

3.3　知识关系 knowledge relationship

表达知识要素之间的各种关联关系。

3.4　知识模板 knowledge template

通过属性模板描述知识体系要素的基本特征,包括内容属性、分类属性、关联属性和管理属性等。

3.5　知识图谱 knowledge graph

以结构化形式描述的知识元素及其联系的集合,并以图形进行显示,具有"图"和"谱"的双重性质与特征。

4　知识图谱一般构建原则

4.1　知识图谱主要内容

知识图谱在知识体系成果的基础上开展具体应用,知识体系构建的一般流程包括知识分类、知识关系定义、知识模板设计;知识图谱的构建内容包括知识获取、知识表示、知识建模、知识融合、知识存储和知识应用。

4.2　知识分类原则

知识分类的一般原则如下:

1. 知识分类参考权威知识模型及实际业务需求;

2. 知识分类维度之间不交叉、不重叠、层次结构清晰;

3. 知识分类的粒度要基于实际应用需求而定。

4.3　知识关系设计原则

知识关系设计的一般原则如下:

1. 在开展知识关系设计时,首先确认出基本的、通用的知识关系,如知识分类中上下级间的父子关系,业务对象间空间所属关系等。在此基础上,与典型用户开展多次沟通,不断挖掘用户的知识关系需求,获取新的需要建立的知识关系;

2.在知识关系设计过程中,要注意将前期成果、用户沟通及对业务需求的了解有机、动态地结合。

4.4 知识模板设计原则

知识模板设计的一般原则如下:

1.知识模板是反映知识基本特征的重要方式,在开展知识模板设计时,应当对属性的选取给予足够的重视;

2.在开展知识的基本属性分析时,主要依据知识类型本身的专业特点开展分析,分析的来源参照期刊文献、论文专著等专业书刊,网络资源如百科、论坛等;

3.对于关联属性的分析,则进行多方面的考虑,例如,考虑同类型的知识间要建立哪些关联,需要和哪些不同类型的知识建立关联,用哪些属性实现关联的构建,关联属性也有一部分是知识的基本属性,更多地要从知识应用角度分析如何构建知识间的关系。

4.5 知识图谱构建原则

4.5.1 知识获取

针对不同类型的知识,知识获取的方式包括但不限于:

1.结构化数据的提取需选择映射方式、定义和配置映射规则;

2.针对百科类半结构化数据,设计提取器实现知识单元的提取;

3.针对网页类半结构化数据,设计包装器实现知识单元的提取;

4.针对非结构化数据,选择或设计适合业务场景和数据类型的知识提取算法。

4.5.2 知识表示

描述知识表示活动质量的一般性能包括但不限于:

1.形成的知识表示模型能达到完整表达特定领域业务所需知识且可被实施人员理解的程度;

2.形成的知识表示模型能被计算机识别及被算法实现;

3.形成的知识表示模型能显式表达事物的属性及其语义联想;

4.形成的知识表示模型能描述形式化的语法、语义及相关推理规则;

5.形成的知识表示模型能支持知识图谱构建完成后知识单元的维护和管理。

4.5.3　知识建模

知识建模活动包括但不限于：

1.合理划分形成的本体模型中实体类型,合理描述实体类型间关系;

2.形成的本体模型需能支持后续知识获取、知识融合、知识计算等活动;

3.形成的本体模型需能支持事件和时间序列等复杂知识的表示,并可支持匿名实体的使用;

4.形成的本体模型需能支持实体类型及其属性与关系的添加、删除和修改;

5.形成的本体模型需实现与已有本体模型的兼容或继承等;

6.创建的本体模型图式需符合最小冗余原则以满足知识融合和知识计算中本体模型的应用和可视化要求。

4.5.4　知识融合

知识融合活动包括但不限于：

1.需对齐不同本体模型中的等效关系,并对关系进行合并;

2.需对齐不同本体模型中的等价属性,并合并为同一属性;

3.需识别知识单元中等效的实体;

4.需校验融合后知识单元间的一致性。

4.5.5　知识存储

知识存储活动包括但不限于：

1.根据对知识的存储和应用需求结合资源配置条件选择数据存储系统类型,如数据库、文件系统等;

2.基于选择的数据存储系统类型设计知识存储结构;

3.执行存储操作,包括存储、查询、维护和可视化;

4.存储管理,包括数据库配置、日志记录和安全机制建立。

4.5.6　知识应用

知识应用活动包括但不限于：

1.定义知识应用需求;

2.设计知识应用所需的数据结构及算法模型;

3.执行知识计算流程并评估计算性能;

4.基于挖掘的隐性知识补全缺失的知识单元;

5.通过接口等形式提供知识计算服务。

5 知识库建设与运行要求

5.1 总体架构

系统采用基础软件框架+知识内容的通用数据库模式部署在服务器上,分别设置与监测数据和远程诊断系统的接口,实现对用户信息、设备信息、智能集成信息、知识模型等的存储和应用。

5.2 知识库主要功能

知识库作为智能集成和远程运维平台的底层支持库服务于船用设备智能集成和远程运维,通过接收和存储船端监测数据和智能集成信息,调用本知识库的设备信息、专家系统或模型开展设备的故障诊断和预测性维护。船用设备智能集成和远程运维知识库包含以下几个功能:

1. 知识库的访问与权限设置;
2. 各类知识(文档、模型等)的录入和审核;
3. 各类知识(文档、模型等)的分类和存储;
4. 各类知识(文档、模型等)的搜索和查询;
5. 各类知识(文档、模型等)的发布和应用。

5.3 知识库建设要求

5.3.1 知识库软件设计原则

船用设备智能集成与远程运维知识库软件的设计应以用户为中心,以简便、好用、稳定、准确为基本原则。同时,需要遵循如下准则:

1. 数据模型设计时应尽量遵守第三范式,任何字段不能由其他字段派生出来,要求字段没有冗余。为了提高运行效率,可以适当降低范式标准,适当保留冗余数据。

2. 通常情况下,一张原始单据对应且只对应一张数据表。在特殊情况下,它们可能是一对多或多对一的关系。

3. 设计数据库时,应将基本表与中间表、临时表区分开来。基本表应该满足原子性、原始性、演绎性和稳定性等特性。

4. 一张基本表不能既无主键又无外键。主键是数据表的高度抽象,主键与外键的配对,表示表与表之间的连接。

5. 主键是表间连接工具,可以是一无物理意义的数字串,由程序自动加 1 来实现,也可以是有物理意义的字段名或字段名的组合。

6. 复杂可靠性计算应在数据库外面进行,以文件系统方式用编程语言计算处理完成之后,才入库追加到表中去。

7. 若遇到数据表的记录太多,如超过一千万条,需要对该表进行水平分割,即以该表主键的某个值为界线,将该表的记录水平分割为两个表。若遇到某个表的字段太多,如超过 80 个,则垂直分割该表,将原来的一个表分解为两个表。

5.3.2　知识库数据初始化

知识一般以表格形式存放于数据库中,故要选择合适数据库,实现上位机软件与数据库通信,常规采用 active 和 ADO 技术实现。

5.4　知识库应用

5.4.1　知识库访问

知识库访问要求如下:

1. 在数据库组件和服务器组件间,通过对象关系映射(object relation mapping,ORM)提供的业务对象和数据库对象间的关系映射,为应用系统提供简单、统一、高效的数据交互访问途径,实现应用系统和数据库的解耦合,提高系统整体可靠性,降低开发难度和成本。

2. Web 服务器通过 Hibernate 访问数据库,Hibernate 实现 Web 服务器与数据库间的对象关系映射。

3. 当有外部数据访问请求时,Web 服务器把请求提交给 Hibernate,再由 Hibernate 根据映射配置信息从数据库中获取或保存数据,最后将执行结果返回给客户端。

5.4.2　知识库存储、的上传下载

文件服务器为系统管理用户和客户提供产品资料与客户需求文件传输服务。文件描述信息保存在数据库服务器,文件本身保存在文件服务器中,通过在数据库中查询文件在文件中的文件路径后再通过文件下载。上传文件与下载过程相反。

5.5 知识库存储运行与管理

5.5.1 知识库存储

船用设备知识库的知识由多个数据库分开存储,主要分为基础信息数据库和年度信息数据库。基础信息数据库保存长期稳定的基础数据,如船舶、用户、设备等信息;年度信息数据库保存每年动态录入的知识,每年独立生成一个数据库,即按年度分库存储。

5.5.2 知识库运行

在软件建设和内容建设后还需要通过知识库的运行和应用对其进行不断优化和完善,在正式运行前还要开展以下几个阶段的工作:

1. 试运行阶段;

2. 基础软件框架的优化;

3. 知识内容的完善、验证和优化。

5.5.3 知识库管理

知识库在试运行和正式运行阶段,均要开展相关管理制度建设,相关内容如下:

1. 明确管理方式,比如是专人管理还是设备人员兼职管理;

2. 明确相关人员角色制定,包括管理员、知识的提供者、知识的录入者、知识的使用者等;

3. 管理员要做好知识录入的审核,包括新知识和知识更新。

6 船用设备知识模型

6.1 船用设备知识分类

船用设备知识一般按以下几个维度进行分类。

1. 产品类型:包括设备领域、产品分类等;

2. 产品流程:包含需求、设计、制造、调试、交付、运维等全生命周期各个阶段;

3. 技术领域:包括机械、液压、电气、控制等;

4. 产品结构:包含产品、部套、一级组件、二级组件等;

5. 知识类型：包括行业及以上标准、企业标准、采购件样本、书籍资料、论文、专利、报告、成果、模型等；

船用设备关键知识模型包括但不限于：

1. 设计计算算法模型：各个产品的设计计算、选型计算算法模型等；

2. 产品三维模型：包括机械系统、液压系统、电气系统三维模型等；

3. 机理模型：包含机械结构有限元分析模型、水力元件流体分析模型、机械动力学分析模型、液压系统动态仿真模型、控制系统动态性能仿真模型等。

6.2　船用设备关键知识模型要求

船用设备关键知识模型要求如下。

1. 设计计算算法模型：须经过产品的应用验证，以 MathCAD、Excel、MWorks 等生成的格式文件存储；

2. 产品三维模型：须按照 GB/T 26099—2011 标准或是相关企业标准建模，以 CREO、UG、Catia 等生成的格式文件存储；

3. 机理模型：须经过产品的试验验证和应用验证，以 ANSYS、NASTRAN、FLUENT、CFX、ADAMS、AMESim 等生成的格式文件存储。

7　船用设备智能集成知识模型

7.1　智能集成知识分类

船用设备智能集成知识一般按以下几个维度进行分类：

1. 智能集成平台组成：包含硬件、软件、网络、接口等；

2. 智能集成平台功能：数据采集与分析、集成控制、远程控制等；

3. 智能集成平台应用：操作、运行、管理等；

4. 船用设备集成接入：集成设备、统一接入接口、通信协议、网络配置等；

5. 知识类型：包括行业及以上标准、企业标准、书籍资料、论文、专利、报告、成果、模型等；

6. 智能集成关键知识模型：设备集成数据的数据分析处理算法模型、集成控制算法模型、集成平台接口算法模型等。

7.2 智能集成关键知识模型要求

船用设备智能集成关键知识模型要求如下:

1. 数据集成模型:须经过系统的应用验证,以 Matlab、MWorks 等生成的格式文件存储;

2. 功能集成算法模型:须经过系统的应用验证,以 PLC、博途等生成的格式文件存储;

3. 集成平台接口算法模型:须经过系统的应用验证,以 C++、C#等生成的格式文件存储。

8 船用设备远程运维知识模型

8.1 远程运维知识分类

船用设备远程运维知识一般按以下几个维度进行分类:

1. 远程运维平台模块:包含船端和岸基两个场景下的运维;

2. 远程运维平台组成:包含硬件、软件、网络、接口等;

3. 远程运维平台功能:船用设备状态监测数据、面向船舶设备状态监测、故障诊断、健康管理、故障预测、视情维护、预测性维护等;

4. 知识类型:包括行业及以上标准、企业标准、书籍资料、论文、专利、报告、成果、故障库、模型、运维流程等;

5. 远程运维关键知识模型:设备监测和运维数据的数据分析处理算法模型、故障诊断模型、健康管理模型、故障预测模型、预测性维护模型、远程控制模型。

8.2 远程运维关键知识模型要求

船用设备远程运维关键知识模型要求如下:

1. 设备监测和运维数据的数据分析处理算法模型:包括数据描述性分析、方差分析、线性回归分析、判别分析、主成分分析和聚类分析等的算法模型等,须经过系统的应用验证,以 Matlab、MWorks 等生成的格式文件存储;

2. 故障诊断模型、健康管理模型、故障预测模型、预测性维护模型:包括结构力学、流体力学、热学机理模型、振动噪声等的机理模型、控制系统模型、回归模型等,以及将现场使用人员在船用设备故障诊断、预测和维护过程中形成的经验模型,须经过系统的应用验证,其中算法模型、控制系统模型、回归模型以Matlab、MWorks 等生成的格式文件存储,机理模型以 ANSYS/NASTRAN、FLUENT、CFX、ADAMS、AMESim 等生成的格式文件存储,经验模型以 C++、C#等生成的格式文件存储。

9　船用设备智能集成与远程运维知识库应用

1. 船用设备智能集成与远程运维知识库应用场景覆盖设备研发、制造、试验、服务全过程,应用方法涵盖知识检索、知识共享、工程应用及知识挖掘。

2. 船用设备智能集成与远程运维知识库在研发设计场景的应用包括但不限于:

a)通过对设备关键知识模型、智能集成关键知识模型、设备运维知识模型的检索开展同类产品技术设计工作;

b)将设备设计计算算法模型、机理模型等关键知识模型应用于同一领域不同类产品的技术设计;

c)基于设备关键知识模型建立信息化产品设计系统,实现基于技术参数输入的产品模型的自动计算和构建;

d)将知识库进行主题分类,实现基于同一技术域下设备关键知识、智能集成关键知识、设备运维知识的挖掘,为非标产品设计提供创新、定制化的解决方案。

3. 船用设备智能集成与远程运维知识库在设备制造场景的应用包括但不限于:

a)通过对设备知识模型、远程运维功能模型等检索,设计符合技术要求的设备工艺路线和工序;

b)基于设备关键知识模型与 CAPP 系统集成,实现基于 MBSE 的制造过程仿真分析;

c)基于设备关键知识模型与供应链、制造执行系统、质量管理系统等生产管理业务系统的集成共享,实现设备设计参数统一数据源,确保设计与制造执行的一致性;

d)通过远程运维知识模型与设备关键知识模型的匹配分析和数据挖掘,优化设备各零部件的制造工艺参数。

4.船用设备智能集成与远程运维知识库在设备试验场景的应用包括但不限于:

a)通过对设备知识模型、远程运维功能模型等检索,提出符合技术要求的设备试验指标和验证方案;

b)通过设备关键知识模型、设备运维关键知识模型与产品试验管理系统集成,实现虚拟仿真试验验证。

5.船用设备智能集成与远程运维知识库在设备交付后服务场景的应用包括但不限于:

a)通过对设备知识模型、远程运维功能模型的检索,为售后服务人员进行设备故障维修提供技术支撑;

b)通过对智能集成平台的检索,为平台服务商进行平台运维提供技术支撑;

c)通过设备知识模型、远程运维模型的检索,为船东、用户、轮机人员进行设备运维提供技术支撑;

d)基于设备知识模型、智能集成平台模型的共享,实现设备、平台与船厂安装接口的集成,为船厂的设备安装、调试、试航提供技术支撑;

e)调用智能集成平台知识模型,开发平台的设备集成接口、数据分析处理、集成控制模块,实现平台的设备接入、采集数据的分析和设备操控;

f)调用远程运维知识模型,实现面向船舶设备的故障诊断、健康管理、故障预测、视情维护、预测性维护等功能;

g)基于设备知识模型、远程运维模型的相似性分析和数据挖掘,对同一技术领域的不同设备故障问题实现诊断分析、故障预测和视情维护。

参 考 标 准

[1] GJB 813—1990 可靠性模型的建立和可靠性预计

[2] GB/T 22393—2008 机器状态监测与诊断一般指南

[3] ISO 17359—2003 Condition monitoring and diagnostics of machines—General guidelines

[4] 信息技术 人工智能 知识图谱技术框架(征求意见稿)